소리 하나

소리 하나

이철수 판화산문집

문학동네

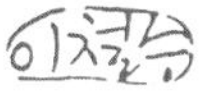

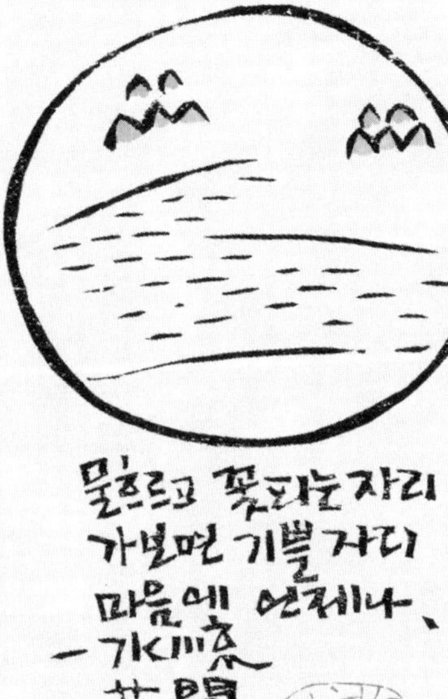
물흐르고 꽃피는 자리
가보면 기쁠 자리
마음에 언제나、
— 水流
— 花開
이철수

물 흐르고 꽃이 핀다는데
어리석은 마음으로는
그 자리에서 어쩔 줄 모르겠습니다.
물 흐르고 꽃 피는 자리
소풍 가서 점심 먹고
발 담그기 좋은 자리이기도 합니다.
거기서, 너는 너 나는 나 하지 말고
서로 다정하기나 했으면.

The place where water flows and flowers bloom,
The place where, when going there, you'll be happy
Always exists in our minds
—Water-flowing
—Flower-blooming.

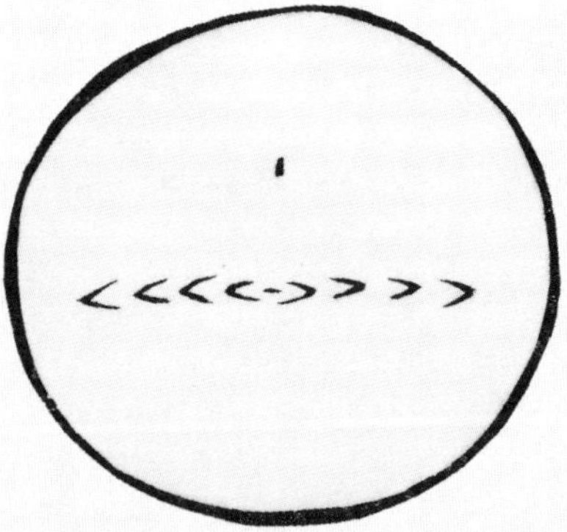

언제나 하나인 물방울로
물결치고. 잔잔하고
스미기도 합니다.
물입니다. 이철수

망망한 큰 바다도 큰 물방울 하나라고 하면 억지가 되나요?
대숲 꼭대기에서 떨어지는 이슬방울이나
뜰 안 춘란에 구르는 이슬방울이나
주르르 흐르는 눈물이나 술 한 잔이나
다 한 방울입니다.
사나운 빗줄기도,
지붕에 떨어져 골을 타고 흘러내리는 낙숫물도,
는개라 부르는 가는 빗방울도,
지척을 분간키 어렵게 하는 안개도,
따지고 보면 다 물방울 하나씩입니다.
그 물의 조화가, 생각하면 눈부십니다.
거침없이 밀려와 없던 물길을 새로 낼 때는
사나운 짐승을 보는 듯하지만,
어느 자리에서는 스스로를 가다듬고 맑아지기도 하여
고요한 자리 —
명경지수가 되기도 합니다.

As a drop of water which is always one
It waves, becomes quiet
And permeates.
It is water.

그 물에는 삼라만상이 고스란히 비치는지라,
저 없이 밖을 비추는 경계를 일러 해인삼매라 합니다.
널뛰는 마음을 물결친다 하니 그럴듯한 표현입니다.
온갖 것에 스며 있어서 눈에 보이지도 않는 물은
또 무엇이라 하는지?
거울 같은 당신 마음이면
흙탕물로도 맑은 옹달샘 하나 만들 수 있습니다.
그 물은 목마른 이들에게 감로가 되기도 하려니,
그 샘도 다시 한 방울 물입니다.
물 한 바가지 퍼내면 아물어서 태연한 샘은
다시 한 바가지 퍼내도 여전합니다. 그렇게 나누어주되
나누어준 기색도 없는 것이 물입니다.
커도 한 방울, 작아도 한 방울이 당연키도 합니다.
그렇게 서로 깊이 관계하는 것이
연기하는 세상의 본색이고 보면
물을 지혜로운 삶의 궤범으로 삼는 것도 당연합니다.
그 물을 흐리다 맑다 하는 것도 사람의 분별입니다.
퍼내면 아물기도 하지만
더러운 것을 가라앉히는 것도 물입니다.

잘나고 못남,
크고 작음,
오연하고 비굴함,
착하고 순하고 악하고 못됨 따위 구별도,
서로 어우러져서 아름다워지는 씨줄날줄의
실오라기 같은 것일 따름입니다.
그 낱낱이 각색 혼돈이되
어느 자리에서는 한덩어리 동색이기도 합니다.
그렇게만 볼 수 있으면 싸우면서도 함께 지낼 만합니다.
큰 바다에 들어가면 썩은 고기와 산 고기를
굳이 따로 갈라놓을 필요 없는 것처럼
사람에게도 그런 마음자리가 있어야 합니다.
물 한 그릇 떠봅니다.
잠시 출렁이고 나면 태연해지는 물처럼
조용해지고 싶습니다.
물처럼 마음도,
제 길 저절로 흐르게 하면 그러기도 하려니
법이란 글자도
그런 뜻이라고 했습니다.

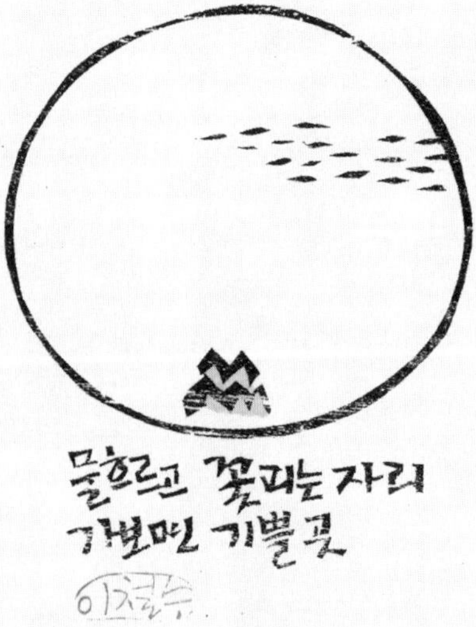
물흐르고 꽃피는 자리
가보면 기쁠곳
이철수

때로는 마음에 은하수처럼 흐르는 것이 있습니다.
물길처럼, 흘러오고 흘러가는 데 있을 텐데
그를 짐작하지 못하겠습니다.
거기 마음 주고 지내면,
저녁달이 반갑고 아침해가 새삼스럽습니다.
그 자리에 환한 꽃 한 송이 피어 있습니다.
그 자리, 거기 사람들,
어디서 본 듯합니다.

The place where water flows and flowers bloom,
The place where, when going there, you'll be happy.

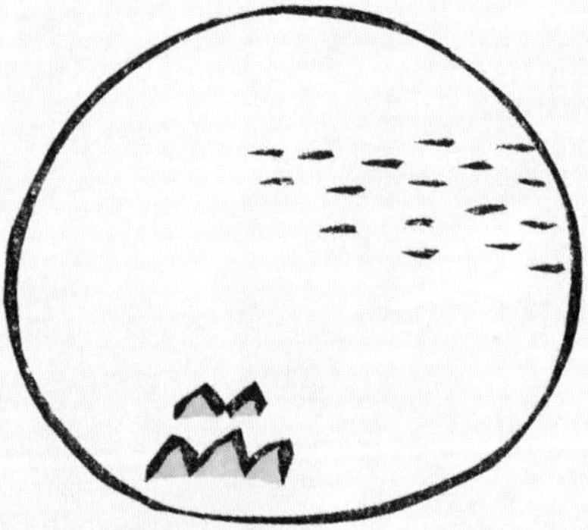

물흐르고
꽃피는곳
— 거기 사람들

이철수

은하수처럼, 하늘에 사는 물도 있습니다.
오늘 밤하늘 구경을 나갔다가 보았습니다.
물조차 그러거니,
거기 허공에
사람의 마음 깃들일 자리 있습니다.
거리에 가득한 사람들마다 제 빛깔로 빛나면,
길에 가득 흘러가는 사람들을 은하수라 하겠습니다.
당신도 초롱한 별빛 같은 그 사람 아닌가?

The place where water flows,
And flowers bloom,
—People there.

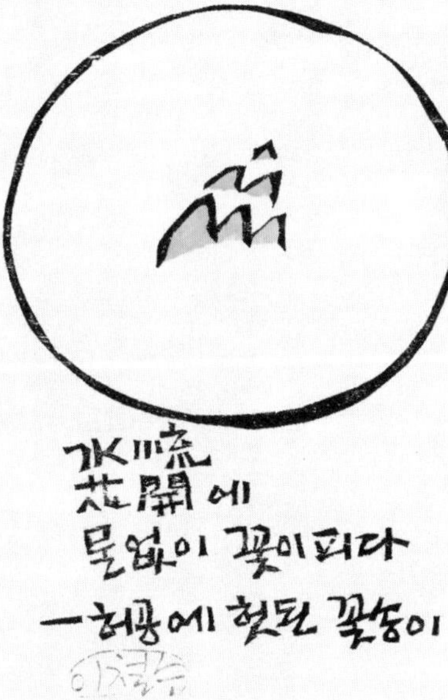
水流
花開에
물없이 꽃이피다
—허공에 헛된 꽃송이
이철수

여름 하루, 수류화개라 이름한 자리에 잠시 다녀왔습니다.
오래 사시던 주인 없고, 공부하는 이 혼자 조용히
그 자리 지키고 있어서 물 한 잔 얻어먹었습니다.
그 자리에서 말없이 지내다 칙간에 앉아보니
그 집 구린 것들은 가랑잎 뒤집어쓰고 조용히
제 길 가고 있었습니다. 그 위에 새것 한 덩이 내려놓고
껍데기 속객도 제 갈 길 가노라 하고
내려옵니다. 오는 길에
어린 유월선 한 포기 파다가 제 뜰에 심었습니다.
몇 해 지나면 꽃 피어서 '화개' 는 할 터인데
'수류' 는 어찌 옮겨다놓을 수 있을지 아직 모릅니다.
수류화개에 늙은이 기침 소리 문득 그치는 날,
그 자리 다시 오면
객이 듣던 물소리, 객이 보던 꽃색,
그때도 여전할지…….

In the place of Water-flowing,
Flower-blooming,
Flowers bloom without water.
— Futile blossoms in the void.

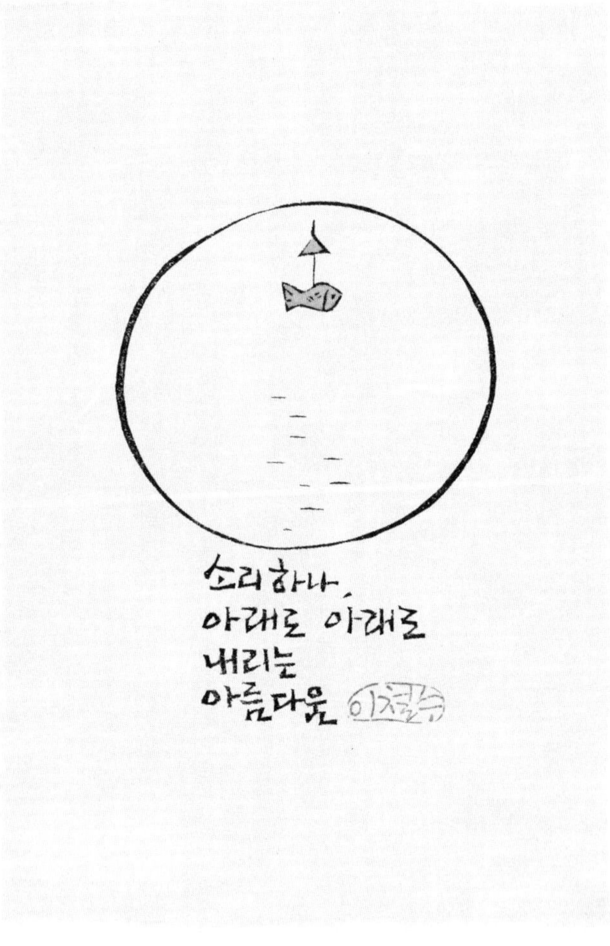
소리 하나,
아래로 아래로
내리는
아름다운
이철수

소란스러운 소리는 늘 위로 솟구치지만,
조용하고 다정한 소리는 낮은 데를 찾아서
걸어내려옵니다.
퇴락한 절에서 돌아내려오는데,
문득 등뒤에서 가벼운 풍경 소리 들립니다.
잊고 있던 그 소리에 얼른 인사드렸습니다.
저는 그 소리 사는 것 모르고
빈집이라 했습니다.
그 집에 주인 없지 않았습니다.

One sound,
Beauty,
Drifting
Down and down.

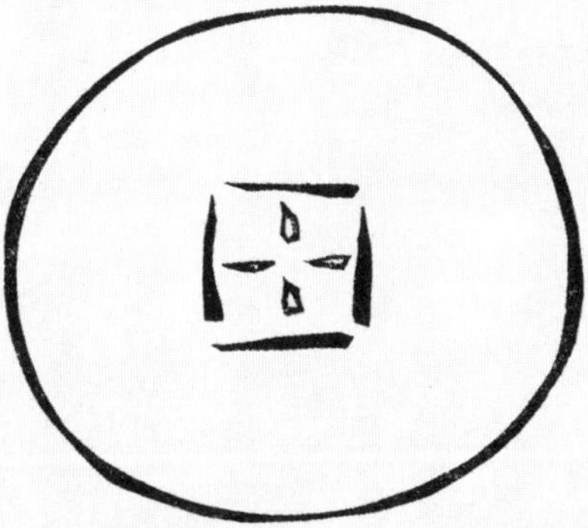

창밖에 꽃피는 봄날
문닫고 엄동을사는
무명-그어두움

이철수

노랑 개나리 같은 봄 햇살이 창호에서 떠날 줄 모릅니다.
도리 없어서 방문 열고 밖으로 나왔습니다.
새 있고 꽃 있고 바람 있고,
해지면 달도 별도 있는 자리에,
한낮에는 힘겨운 노동이 있는 자리에,
봄싹들이 돋기 시작합니다.
공기도 달콤한
봄날입니다.
그것도 모르고 책 읽다 졸았습니다.
그 창만 열면 연둣빛 봄날입니다.
책에서도 가끔은 마음 환해지는 순간을 만나지만
이 봄날 같지는 않습니다.
봄냄새 나면 문 열고 나서야 합니다.

In springtime when flowers bloom outside the window,
The obscurity — the darkness
Where they survive a rigorous winter, closing the door.

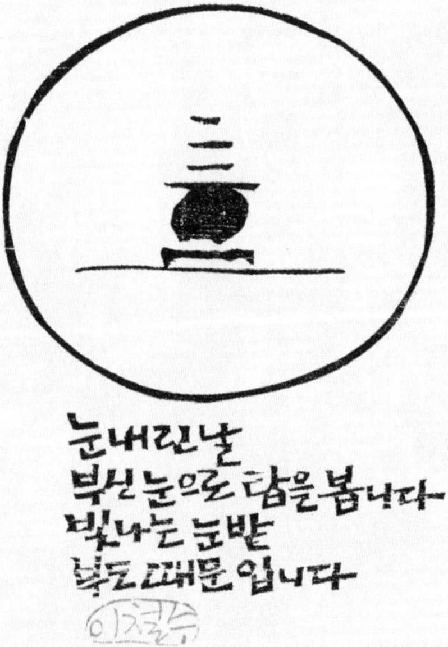
눈내린날
부신눈으로 탑을봅니다
빛나는 눈밭
볕도 때문입니다
이철수

부도라고 하나요?
살아서도 헛된 몸이었는데,
그 찌꺼기를 다시 그릇에 모셔놓은 꼴입니다.
그 앞에 서면 엄숙해지는 것이 여염사람의 상정이긴 하지만
왠지 마뜩찮기도 합니다.
그 위에, 모처럼 눈이 내렸습니다.
굳은 돌덩이도 풍우에 상하다 끝내는 스러지겠지요.
흰 눈이 오늘 그 이야기합니다.
가슴이 서늘해집니다.
산중 적적한 자리에서
거기 묻힌 노장들 오늘 뭐라고 잔소리하시는지?
아는 이는 알지만 모르는 이는 내내 모르고 삽니다.
이끼 낀 부도비들,
겨울에는 검고 여름에는 푸르더니
오늘은 흰 눈이불 소식이라 밝고 좋은 소식입니다.
복받은 풍광입니다.

On a snowy day,
I'm looking at the tower through dazzled eyes.
A snow-covered ground,
Glittering,
It's because of monuments.

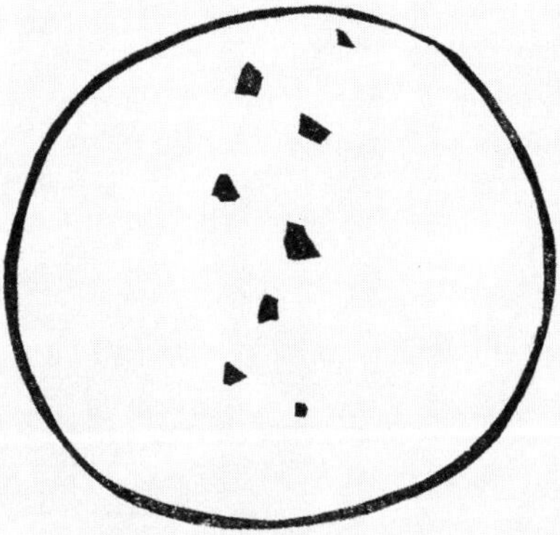

높은데서 내려와
더갈데 없으면 쌓이는것
눈입니다. 이철수

새해 첫 아침에 오는 눈을 서설이라 반기는 것은
사람의 분별이지만, 천지간에 일어나는 일치고
길조 아닌 것이 없을 터이니 나무랄 일은 아닙니다.
눈은 사람더러 보라 하지 않고 그저 저대로 오는 법,
깊은 산중에나 인적 드문 벌판에나
흔적 없어질 물 위에도 가리지 않고 내립니다.
비와 이슬이 높고 낮은 자리 가리지 않고 내리는데
초목이 스스로 키 크고 작은 법이라더니 눈발이 그렇습니다.
거리낌없는 자성청정의 눈발이 하늘을 큰길 삼고
꽃처럼 쏟아져내립니다. 그것 보고
마음이 강아지처럼 뛰지만 그도 나무라지 못합니다.
저절로 좋아지는 것이라 마음에 그 기쁨이
눈처럼 쌓이면서 차츰 고요해질 것을 아는 때문입니다.
아버지께서는 악한 사람에게나 선한 사람에게나 꼭 같이
비를 내려주신다. 너희가 자기를 사랑하는 사람만
사랑한다면 무슨 상을 받겠느냐?
하는 말씀은 성서에 있습니다.

Something that piles up, coming down from above,
When it has no farther place to go.
It is snow.

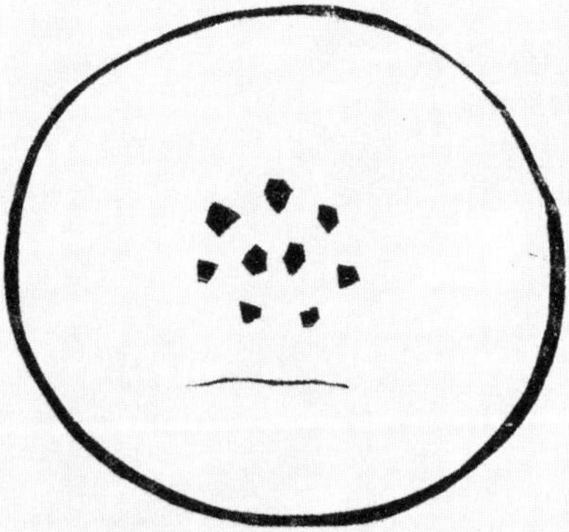

깃털처럼 가볍게
내리는 눈송이
그도, 제무게 이기지
못하기 때문입니다

이철수

내려 쌓였다가 녹아 스러지는 것은
생명 있는 모든 것의 운명입니다.
내내 서늘한 만년설의
높은 꼭대기를 뜻깊다 하는 것도 그 때문입니다.
생로병사의 순환이
그 청한한 봉우리를 비켜가지는 않겠으나,
허공에서 받은 것을 허공 가까운 데서 받아 지키는
설산 꼭대기가
진정한 존재의 자리에 가까이 있는 듯 보이기는 합니다.
그러나 눈이나 얼음 산꼭대기도
잠시 얼어붙어 있는 허전한 꿈입니다.
그 위로 눈이 쏟아져내립니다.

Snowflakes lightly falling
Like feathers.
It's because they cannot bear
Their own weight.

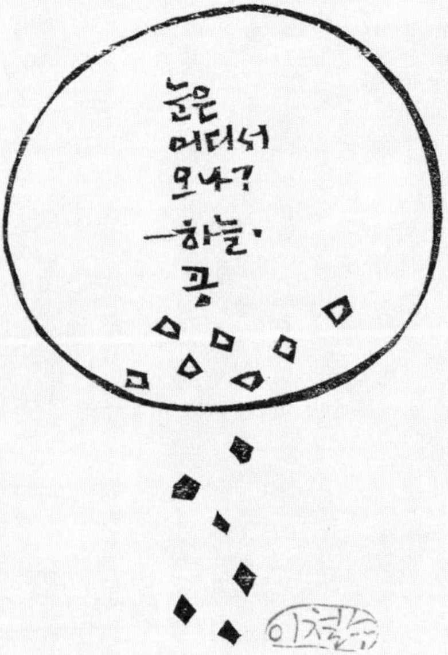
눈은
어디서
오나?
—하늘·
곳
이철수

그 먼 데서 오는 눈이 사람 곁에 내릴 때는
그만한 이유가 있습니다.
심산유곡에 있다 조용히 가는 눈도
하는 말 있으려니,
실패한 인생처럼 길바닥에 떨어져 내린 눈송이도
그것 나름으로 이야기가 많을 법합니다.
그 이야기,
진창처럼 간난신고 많은 인생살이 이야기로
오늘은 큰눈이 쏟아집니다.

Where
Does snow
Fall from?
—The sky.
Emptiness.

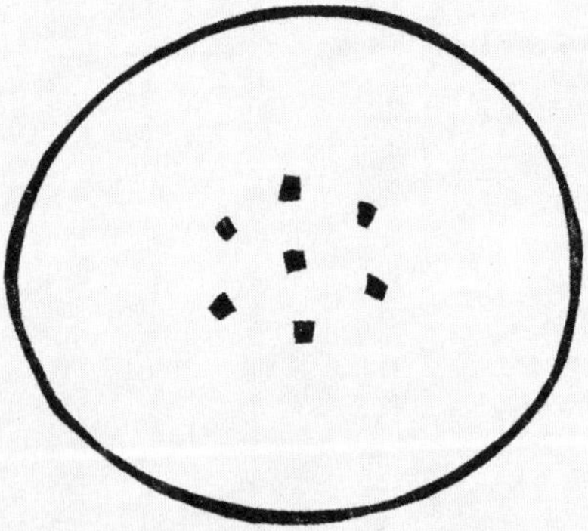

우리들 세상만 맑으면
저도 맑은것
흰눈세상 이철수

산골에서는,

푸른 소나무 위에 흰 눈이 쌓여

희고 푸른 두 색깔이 정담을 나누는 것을

흔하게 봅니다. 솔가지에 무겁게 쌓인 눈이

떨어져내리는 숲에 가면 그 이야기가 들리는 듯합니다.

벼 벤 논바닥에 길게 드러누운 눈도 보이고

얼어붙은 배춧잎이나 깨 털고 난 북더기 위에서

겨우내 심심해하는 눈도 있습니다.

If our world is clear,

It is also clear.

— The world of white snow.

사람들은 일찌감치 눈을 피해 집 안으로 들어가고,
오는 눈을 접대하는 일은 지붕에게 맡겨둡니다.
눈 오면 꼼짝도 않는 사람들 보다가
눈밭에 찍힌 고양이 · 개 · 까마귀 발자국 보면
다정해 보입니다.
족제비 · 청설모는 집 곁에도 자주 발자국 남기고,
깊은 산에는 뾰족한 노루 · 사슴 발자국이
산길을 심심치 않게 합니다.
닭장으로 질러갔다 돌아간 족제비 발자국은

어지러운 참새 발자국처럼 얄밉지만
사람이 낸
눈가래 흔적과 다를 것이 없으니 그저 밉다기도 어렵습니다.
눈밭에 다정한 발자국 내는 것은
아무래도 철부지 아이들 쪽입니다.
아이들 뒹굴어 놀면
눈밭이 기꺼워하는 것 보입니다.
아이들 따라 눈사람 하나 만들고 눈싸움이라도 벌이면
눈도 겨울도 좋아라 합니다.

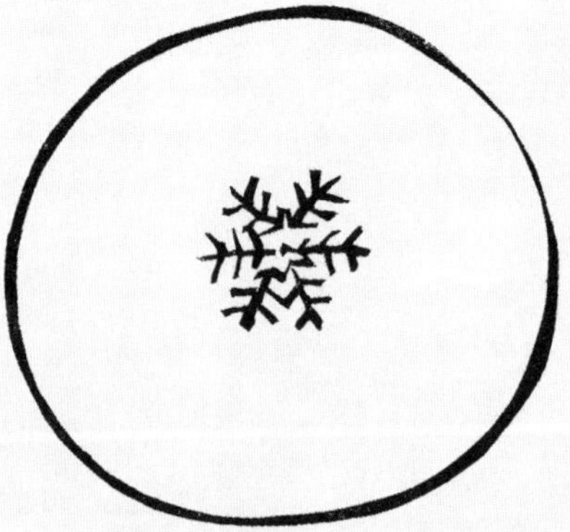

눈, 우리들 마음만 맑으면
저도 맑은것, 고요한것

이철수

눈은 누울 자리 보고 발 뻗지 않고
눈은 진자리 마른자리 가리지 않고
눈은 제 생각 따로 품고 오지 않습니다

내리다 내리다 더 갈 데 없으면 쌓이는 것
눈이라 하였습니다.
길바닥에서 인파에 밟혀
그 질척이는 자리
눈들의 아수라장입니다.
허공에 꽃같이 내리던 눈송이도 그 자리에 그렇게
스러지기 마련,
영화도 한낱 꿈같은 일입니다.
깨고 나면, 잠들 때 덮은 누더기 다시 냄새납니다.
땅에 뿌리내리지 못하는 깨달음은,
먹는 꿈이 그렇다 하듯
병이 됩니다.

Snow. If only our minds are clear,
It is also clear, silent.

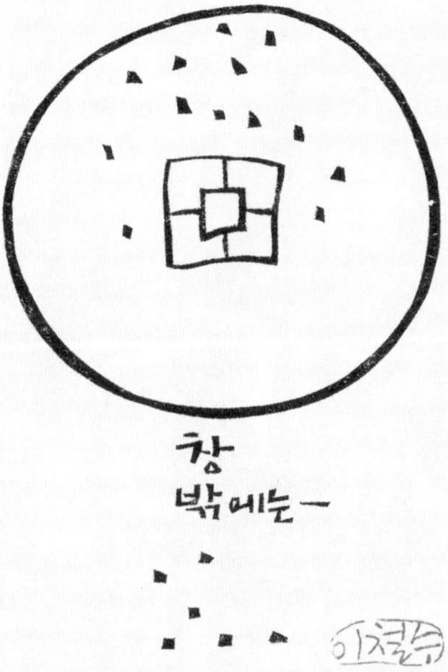
창
밖에는—
이철수

오는 눈 소식도
문 닫고 창문 닫고 마음 닫으면
캄캄하여 알기 어렵습니다.

눈에 갇혀서 눈 소식을 그리워합니다.
어리석은 이는, 향기로운 차향기에 한눈팔고
다정한 편지에 마음 기울이면서 겨울을 납니다.

눈 오는 소리 들립니다.
창 밖에는 눈
방 안에는 늙은이 코 고는 소리.
깊은 잠.

Outside
The window—

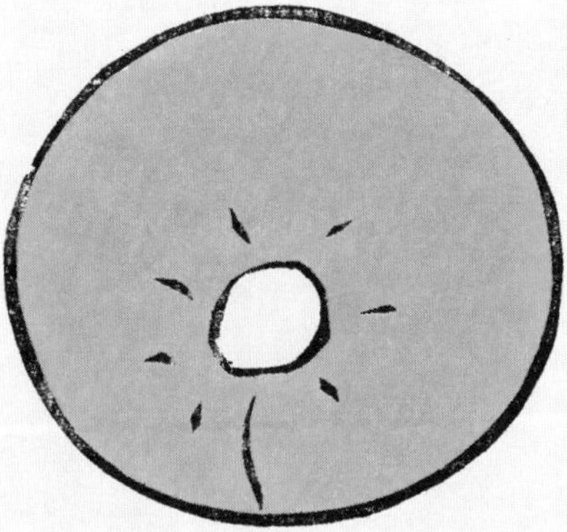

해돋는곳 하늘뿐일까
마음·
해바라기

이철수

마음이 전부라고 할 수 있습니다.
그 자리에 해 뜨는 것을 모르면 무명이라 하였습니다.
밝은 데 없으니 어두울 터입니다.
깜깜 칠흑을 마음인 줄 아는 삶이면
하는 일마다 어둠 속을 더듬고 있을 것도 짐작이 됩니다.
마음자리의 밝음을
알지 못하는 삶을 일러 중생이라고 합니다.
오늘도 해 떴습니다.

Where else but the sky does the sun rise from?
The soul.
A sunflower.

생각하니 어제도 그 해 아래서 살았습니다.
그렇게 오늘을 맞았는데, 그게 남의 밝음일 뿐이라면
눈감고 살았다는 말입니다.
어리석음은 밝은 대낮에도
이토록 깊이 어두운 데가 있습니다.

거기까지 생각하고 보아도
마음에 사금파리 하나 되쏘는 빛 보이지 않으나,
이제 밝은 데를 향해 돌아앉기는 해야겠다 싶습니다.
햇빛 바라는 꽃들처럼, 어둠에 뿌리내리고
밝은 자리에 마음은 두고…….

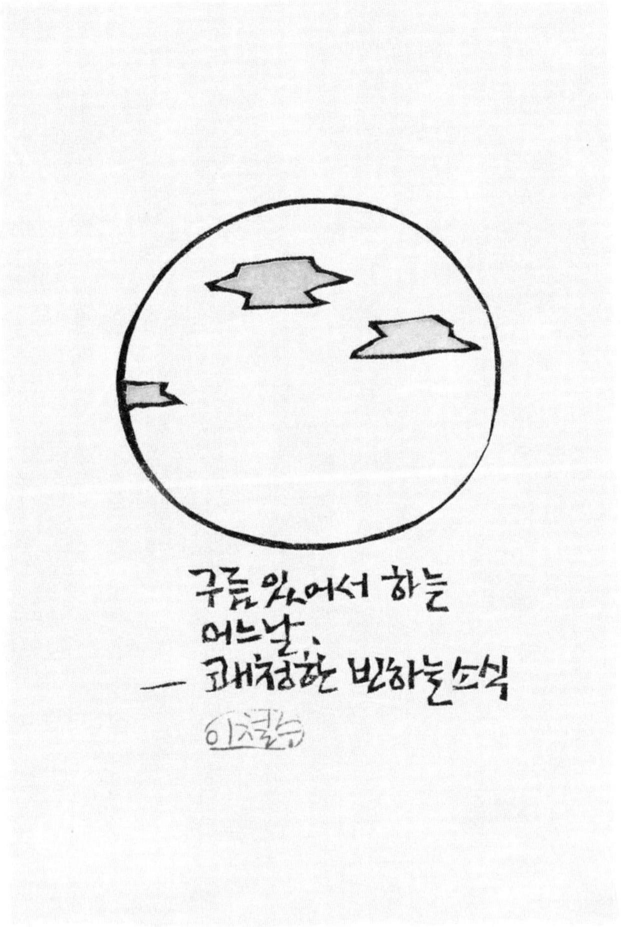
구름 있어서 하늘
어느날,
— 쾌청한 빈하늘 소식
이철수

구름 흘러가는 하늘만 종일 바라보던 기억이 납니다.
오고 가는 생각이 많다가 시간이 가면서 차츰
그 생각들 사라지는 것이 신기하였습니다.
마음이 지친 탓일 수도 있겠으나
그 무상한 변화도 한없이 마음을 미혹하는 것은 아님을
짐작할 수 있었습니다.

Worthy is the sky because of clouds
One day.
— News of the clear, empty sky.

지켜보는 이 없는 날도 하늘은
부지런히 제 일을 하고 있을 것을 짐작합니다.
사람들끼리도 늘 보고 살지는 못하는 것처럼
하늘과도 자주 잊고 지냅니다. 그래서,
만나면 반갑습니다.

가을 하늘은 구름 어디 갔는지 찾는 기색 아닙니다.
하늘이야 드높으면 높은 그대로 태연할 따름,
구름 있으면 있는 대로 용납하고 거느립니다.
본래 허공은 맑거나 흐린 데 있지 않다는 말입니다.
사람의 본래 면목이 그런 허공과 무슨 인연인지
알 수 없는데, 구름은 자꾸 흘러갑니다.

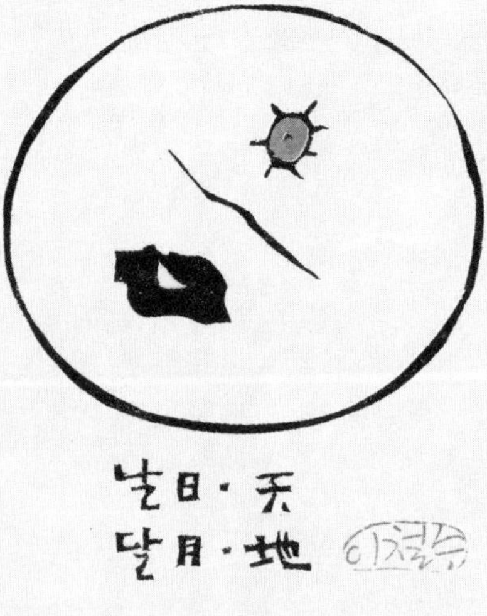
날日·天
달月·地

매일 일월이 번갈아 하늘을 지킵니다.
해와 달이 뜨고 지는 순환만 지켜지면 평안합니다.
하늘은 하늘, 땅은 땅입니다.
사람은 천만 개 쉬지 않는 번뇌의 파도를 비좁은 마음에
물결치게 합니다. 그 물결도 가만히 지켜보면
때맞추어 오고 가는 것입니다.
해 뜨고 달 뜨는 것처럼
해도 보고 달도 보고,
그 아래 일하고 자고,
성나면 소리치고 좋으면 웃습니다.
지나가는 객이야 무슨 상관인가
천하의 살림살이 아름답습니다.

Sun. Sky
Moon. Earth

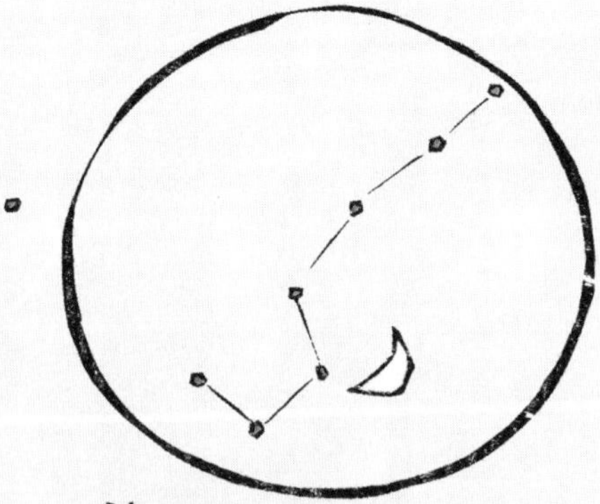

북두칠성으로 북극성를 압니다
나로 하여 빛나는
남이 있으면
그도 행복입니다

이철수

남의 허물을 대신 쓰고 사라지는 사람들이 있습니다.
남의 뒷바라지에 평생을 바치는 인생도 있습니다.
애쓰고 이룬 공을 사양하고 자랑할 줄 모르는 이들도
있습니다. 그 이야기를 들으면 고맙지만,
내가 그러기는 얼마나 어려운지 모릅니다.
국자 모양이라고 배운 북두칠성은 이름처럼 밝은
일곱 별입니다.

We recognize the North Star by dint of the Big Dipper.
If there are other people
Outstanding due to me,
It is my pleasure.

국자를 무슨 소용으로 하늘에 그려놓았을까 하다가
그 앞에 북극성이 있다던 이야기를 떠올립니다.
일곱 별 국자로 북극성을 드러나게 한
지혜가 돋보입니다.
길을 찾는 요령은 하늘에 있기 전에
사람의 마음에 있었던 것을 알겠습니다.

방편은 많지만, 뚜렷한 목표는 하나뿐입니다.
눈에 보이는 형상은 어지럽게 많지만
그것들이 가리키는 바는 단순하기 마련입니다.
눈에 보이는 모든 것이 깨달음의 큰 문을 드러내는데
우리가 그를 모르고 삽니다.

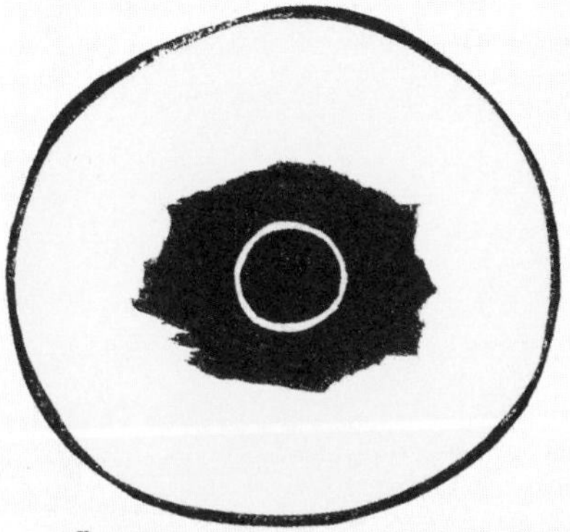

해가린 구름보고 압니다
밤도 구름도 별빛도
큰 밝음의 치장일따름

이철수

밖에 나갔다가 수세식 좌변기에서 볼일을 볼 때마다,
제 속에서 나온 것을 이렇게 무서워하는 문화가 또 있는지
궁금해집니다. 단추 하나로 요술처럼 사라져버리는
똥덩이가 어느 때는 아깝기도 하고 안되었기도 합니다.
막국수 빼듯이 물에 담근 것을, 건더기 국물 가리지 않고
작은 소용돌이 속으로 싹 치워버리는데
파란 양념을 치는 곳도 있었습니다.
어쩌자는 것인지?
생태의 가장 단조로운 순환도 모르는 처사입니다.
문명화의 기본이 그런 무지인지도 모릅니다.
세상의 범죄도,
사람 사이의 애증과 반목과 부조화도 그렇습니다.
피하고 멀리한다고 다 되는 일이라면,
지금처럼 이웃과 문 닫고 지내는 현대의 삶으로
다 좋아졌을 법한데
해결은커녕 갈수록 사정이 나빠지는 중입니다.
세상은 온통 쓰레기장이 되어가고 있습니다.

We realize, by dint of the clouds veiling the sun,
Nights, clouds, and even starlight
Are only ornaments to a big light.

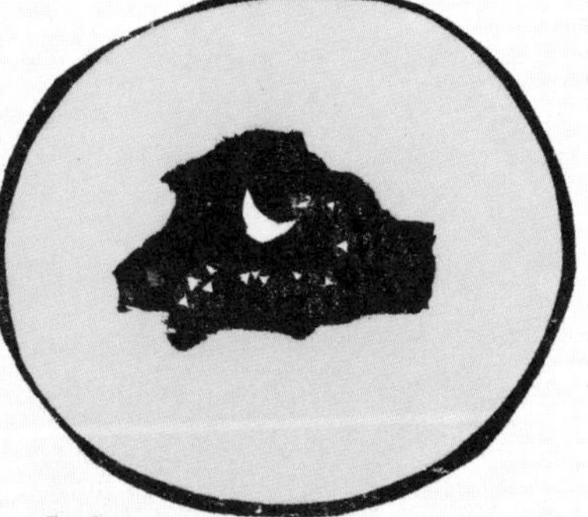

하늘에 깃든 모든것 다
하늘허공을 드러낼 뿐
제몸이 따로 있을리
없음을. 해·달·별…
스스로 잘압니다

이철수

불빛 없는 산골에서는 밤하늘에
별이 원 없이 많이 보이는 날이 있습니다.
바람 차갑지 않은 날이면 그 아래 누워서
몇 시간이고 별 구경을 하고 싶어하는 사람들도 있습니다.
이렇게 별이 많은 하늘은 처음 본다면서 감탄하는
사람들을 보면,
별로 가득한 밤하늘이
제가 차려 대접한 음식상이나 된 것처럼 흐뭇해집니다.
물론 그 하늘에 가득한 별을 그렇게 즐거워하지만 돌아서면
곧 잊고 마는 것을 압니다.
세상은 바쁘고
별은 멀리 있습니다.
사람들은
해 · 달 · 별의 운행을 두고 하는 점성술을 미신이라고 합니다.

Everything dwelling in the sky
Reveals only the sky, the void.
Their bodies cannot separately exist.
The sun, the moon, and the stars……
Know this themselves.

허공을 자주 보고 사는 사람이라면 그것이
삿된 술법이기보다 정겨운 꿈 · 희망 · 경탄 · 겸손……에
오히려 가까운 것을 압니다.
사람은 작고 허공은 한없이 크고 그래서 신비롭고
아름답구나 하는 말을 그렇게 어렵사리 하는 것입니다.
별과…… 우주의 유장한 운행과 내 작은 존재의 궤적을
한 끈으로 이어낼 줄 알던 옛사람들에게
친연성이라던가? 살가운 느낌을 갖게 됩니다.
별 많은 밤하늘은 그렇게 깊어갑니다.
아래윗집에 사는 이웃이나
한 이불을 나누어 덮는 사람이나
심지어는 자신조차
외계인보다 더 멀리 있는 듯 여기고 사는 세상입니다.
현대가 점성술의 서툰 미혹을 벗어나기는커녕,
꿈과 사랑과 믿음과 경탄의 궁량 깊은 자리 다 버리고
기능 · 합리 · 이기 따위의 주둥이 좁은 항아리에
갇혀 사는 것이 분명합니다.
하늘의 별을 살피면 내 자리가 어디쯤인지
마음으로 알 수 있습니다.

그 별빛 흐려 꺼져가고 있지는 않은지?
해 · 달 · 별들 속에서 우리 삶이 나고 스러집니다.
그 작은 데서 생멸하는 생애가
한낱 반딧불만도 못합니다. 그러나,
그 깜박하는 순간을 평생으로 여기는 생명에게는
천 갈래 만 갈래 마음 변화 어느 하나도 가볍지 않습니다.
때로는 하늘이 무너진 듯 절망하기도 합니다.
그 절망도 깊으면 지혜에 닿습니다.
생명의 나고 스러짐을 운명이라 하면 하늘 허공조차
거기서 자유롭지는 못합니다.
뭇 생명 있는 것의 첫번째 운은 나서 죽으리라는 것이며,
두번째는 빛나는 삶이라야
살아 있는 것이라는 이야기입니다.
사람도 그럴 것입니다. 그 운명 이야기를
반짝이는 잔별들에게서 듣습니다.
그 저녁에 별들과 이야기하느라 바쁜 일 하나 잊었으면
그도 큰 소득이라 할 수 있습니다. 횡재수가 든 것입니다.
그 위에 악운을 피할 부적을 얻은 셈이기도 합니다.

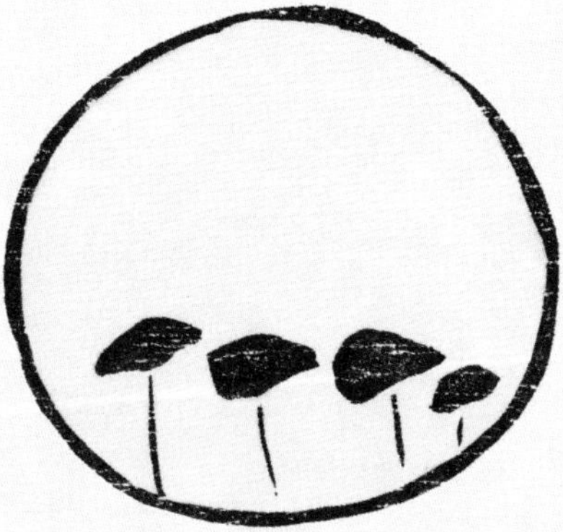

산. 제일 높은 꼭대기
소나무 푸르러도
— 하늘 아래 이철수

거친 돌산 꼭대기에,
껍질 붉은 조선소나무들 늠름히 서서
비바람 구름 점잖게 맞고 보내는 것 보입니다.
좋습니다. 거칠 것 없는 하늘 아래
그 모습 그대로 유아독존한 주인공답습니다.
그 소나무가 쓰러져 썩어가게 될지라도
그 자리 주인일 뿐 객이 되지는 않습니다.
그것까지 알아야
지금 푸른 소나무 참말 푸르구나 할 수 있습니다.
살아서 주인인 풍광과 죽어서 주인인 풍광이
어디나 같이 살고 있습니다.
앞산 꼭대기 소나무는 푸르고
먼산 하늘 허공은 조용합니다.
바람은 쉬느라 좋고 오늘은 새날이라 좋습니다.

The mountain. The summit,
Though pine trees are green,
— Under the sky.

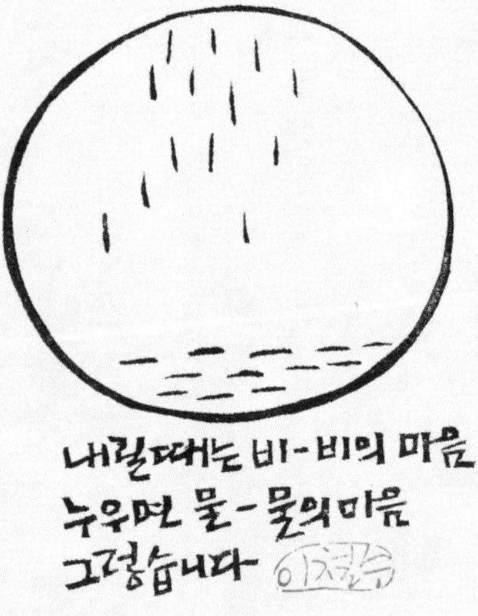
내릴때는 비-비의 마음
누우면 물-물의마음
그렇습니다
이철수

비로 내릴 때도 다른 뜻이 없으니 좋은 일입니다.
누워 흐를 때도 여전히 그럴 터이니 좋습니다.
언제나 그다운 것이 좋습니다.
오늘은 비 뿌리니 모종을 내고
내일은 비 개어 김을 맵니다.
오늘은 추우니 불을 피우고
내일은 더우면 부채질을 할까?
기다리면 더위 끝에 서늘한 바람이 불어옵니다.
사람도 그것을 오래 기다리기 쉽지 않으나,
설한풍도 선들바람도 다 제 순서를 기다리느라
조바심하는 법입니다.
생로병사를 전전하는 육신들이지만 잠시를 기다리는
일이야 못 할 것도 없습니다.

It is the rain, as it falls down — the mind of rain.
It is the water, as it lies flowing — the mind of water.
That is real.

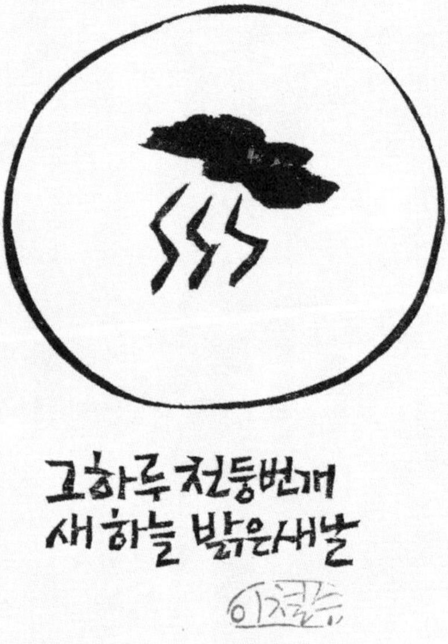
그하루 천둥번개
새 하늘 밝은새날
이철수

한 무더위를 잠재우는 억수장대비를 맞으면서
논물 보러 가는 날이 있습니다.
쏟아붓는 빗속에 비옷 입고 논에 들어가 일하면
사람들이 웃습니다.
게으른 농사꾼이 남 쉴 때 일하는 것을 다 알기 때문입니다.
거친 빗길에는 우산 · 비옷 따위 모두 소용없습니다.
거센 빗속이 물통 속이나 진배없기 때문입니다.
번쩍번쩍 번개가 떨어지고 이어서
호통치는 듯하는 우레가 오금을 펴지 못하게 합니다.

That one day, thunder, lightning,
A new sky, a bright new day.

방 안에서 듣고 보는 천둥번개와
인적 없는 우중에 벌판 한가운데서 만나는 그것은
그만큼 다릅니다.
저는 작고 하늘은 큽니다.
급하게 흘러가는 수로를 살피고 논 물꼬를 터놓고 나면
삽날을 논바닥에 박아 세우고 서둘러 돌아섭니다.
천둥 고함과 따귀 치는 번갯불이 무서워서

동동걸음으로 집으로 옵니다.
오는 길에 집 안팎 물도랑을 살피고
젖은 옷 벗고 들어와 마루에 앉아보면
어느새 먹장구름 저기로 물러가고 있기도 합니다.
그런 날은 비 맞고 헛수고한 것 억울하지만,
그렇게 서둘지 않았다가 낭패하는 경우도 있고 보면
노냥 비 구경만 하고 있기도 어렵습니다.

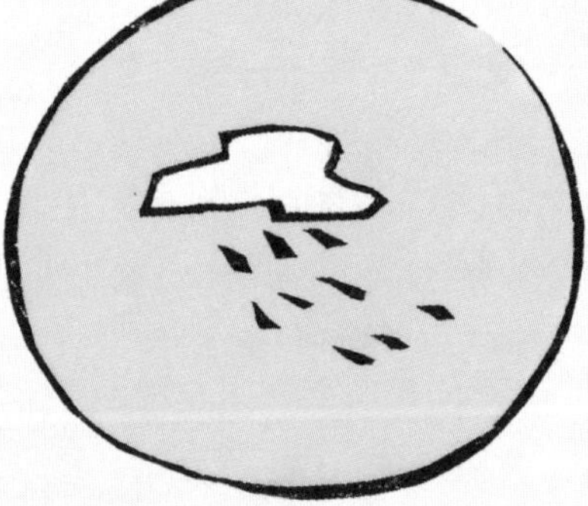

비바람 사나운 것도
비구름 뜻은 아닙니다
언제나 하늘 구름
가벼울 뿐입니다

이철수

평생을 먹장구름 속에서
간난신고와 동무해 사는 이들이 있습니다.
바삐 뛰어다니면서 벗어나보려 해도
별 무신통입니다.
비어가는 농촌에는
그렇게 딱해지는 사람들이 많습니다.
일찍 병들고 고생하며 사는 사람들의 모진 운은
평생 장마비 같습니다.
그 평생에는 이승 떠나는 순간이 차라리
하늘 개는 날이기도 할 터입니다.

For all the violence of wind and rain,
It is not the intention of a rain cloud.
The clouds in the sky
Are always gentle.

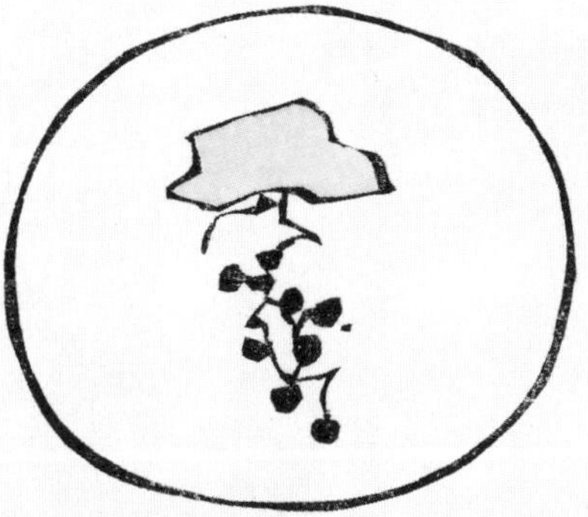

떠있는 구름에
뿌리 내리는 열매
가을 드높은 날
달디단 향기

이철수

여름 비바람과 뜨거운 뙤약볕에 고생하다가
늦더위에 단물을 힘껏 빨아들이고 난
가을 머루나무를 보면 대견해 보입니다.
날마다 짙어가는 머루송이들이
가을 마당을 풍성하게 가꾸어줍니다.
무엇이나 농익으면
향이 진하고 맛이 깊어져서 귀해 보입니다.
그 귀한 것 한 송이씩을 따서 좋아라 하는 것은
아이들만이 아닙니다.

Fruits taking root
In floating clouds,
The aroma sweet as sweets can be
On an autumn day, high in the air.

가을에 오시는 손님에게는 각별한 접대가 되기도 합니다.
주인이 아끼고 아까워해서 마구 따먹기는 어렵지만,
나무에 남겨두었다가
한두 송이쯤 직접 따서 드시라 하면 다들 행복해합니다.
머루나무가, 겨울 추위와 봄날 연둣빛 새잎을 지나
여름 장마와 불볕 더위를 견딘 뒤에야 비로소,
깊은 맛과 색으로 제 생애를 가다듬는 것 아시면
더 각별한 맛을 느낄 수 있을지도 모릅니다.
사실, 상에 오르는 먹을 거리 가운데
그만한 공 없이 만들어진 것도 드뭅니다.

콩나물조차, 물만 먹고 지낸 이야기 하면서
눈물바람 할지도 모릅니다.
배추는 배추 내력 무우는 무우 내력이 있을 법합니다.
그 내력을 생각하면 짠 김치조각도
마음으로 달게 먹을 줄 알아야 합니다.

깡통에 든 음식이 불쌍합니다.
썩지 않는 음식은 고통스러워 보입니다.
이런 터무니없는 삶의 방식을
깊이 생각해봐야 할 때가 되었습니다.

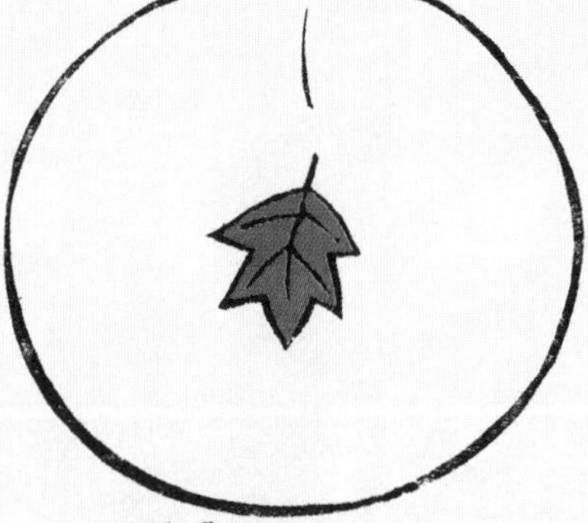

가을 하늘에
바람에 휩 쓸리는
단풍 한 잎
그 작별인사
적멸입니다

이철수

길 가다 잎새 떨구는 나무를 자주 봅니다.
삭막한 아스팔트에도
가로수 잎이 내려와 뒹굴고 있으면
숨통이 트이는 듯합니다.
때로는 얼마 안 남은 잎새를 노리고 부는
거친 바람도 만납니다.
잔가지와 잎새들이 한꺼번에 바람을 타는 것 보면
사람의 마음도 따라서 일렁이는 듯합니다.
이 나무들이 오늘은 무슨 이야기 하시는가?
— 적멸.

In the autumn sky,
A leaf of a maple tree
Blown off by the wind.
That farewell
Is the nirvana.

나는 이렇게 가노라 하는 이야기로 듣기도 했습니다.
바람 거센 오늘은
아우성치는 것인지.

역시, 바람 없는 날
조용히 자신을 내려놓는 잎이 좋아 보입니다.
그 한 잎이
혼자 마시는 차 한 잔처럼
그윽하기도 합니다.

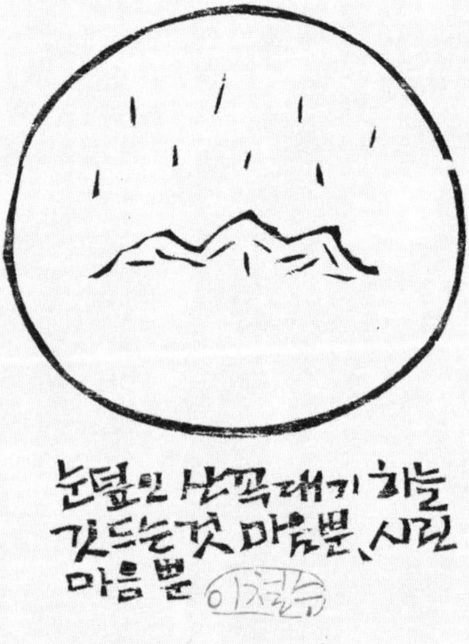
눈덮인 산꼭대기 하늘
갓드는것 마음뿐、시린
마음뿐
이철수

겨울입니다.
먼산에 내린 눈이 녹아내릴 생각을 않는 것 보면
겨울도 깊은가 봅니다.
그 꼭대기는, 가보지 않아도 춥고 인적 없습니다.
거기 사는 산꿩 · 고라니 · 노루 · 사슴도,
멧돼지 · 오소리 · 고슴도치 · 산토끼도
웅크리고 겨울 나는 것을 압니다.

In the sky, the summit, covered with snow
Resides only the soul — only the cold
Soul.

늦은 밤 산길을 가다가
자동차 불빛에 갇혀서
어쩔 줄 모르던 너구리를 보았습니다.
그 어리석은 것이,
밤길 비추는 불빛이
제 가는 길도 비추는 줄 알았던가 봅니다.
그 산에서 한겨울을 무사히 나는지?

그 산을 먼 데서 바라봅니다.
온갖 것 깃들인 자리도 이쯤에서 보면 관념입니다.
희고 찬 기운이 전부가 아닌 것을 압니다.
깊고 높은 마음의 경계도 아마 그러리라.
그 산에도 사람의 자리가 있음을 압니다.
안녕하신지?
산중에 조용하신 그이들,
안부를 묻습니다.

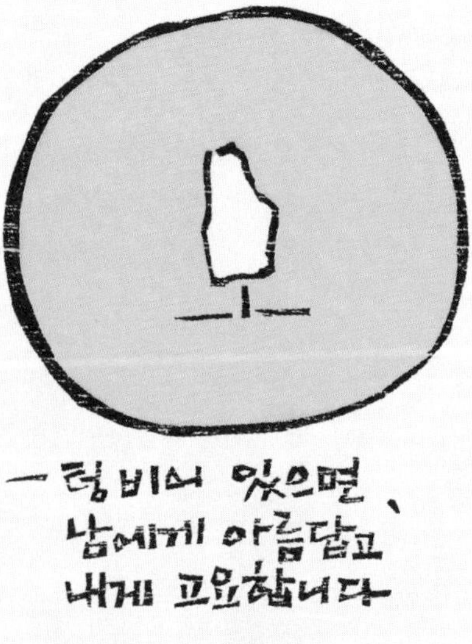
— 텅 비어 있으면,
남에게 아름답고
내게 고요합니다
이철수

텅 비어 있으면 남에게 아름답고 내게 고요합니다.
사노라면 얼마나 많이 상처를 받게 되는지 모릅니다.
미운 것이 있고 고운 것이 따라서 있습니다.
도무지 조용해질 줄 모르는 마음을
따라다니면서 야단치기도 예삿일이 아닙니다.
이제는 지쳐서 구경꾼 노릇이나 합니다.
그래도 주고받는 상처는 피할 수가 없습니다.
사랑 없고 미움 없이 세상을 보는 일.
누구는 그런 눈이 무슨 소용인가 묻기도 합니다.
그러나, 그렇게 보아야 환히 보입니다.
그렇게 보아야 바르게 보입니다.
쉽지 않은 일이지만 그러기는 해야 합니다.

— Emptiness,
Beautiful to others,
Tranquil to me.

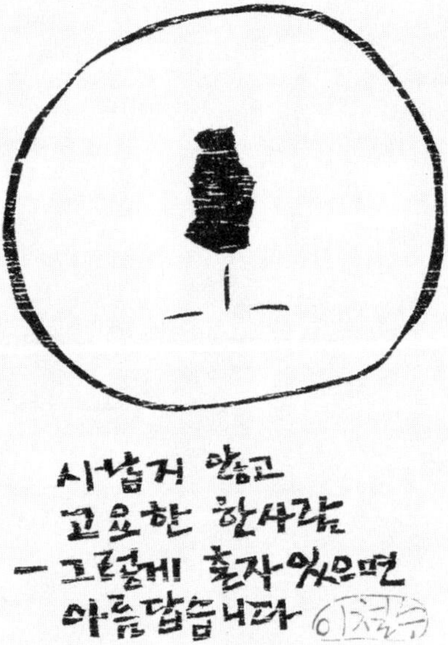
시끄럽지 않고
고요한 한사람
— 그윽하게 혼자 있으면
아름답습니다
이철수

세상에서 들려오는 소식은 한결같습니다.
죽이고 싸우고 속이고 다치고
유혹에 빠져 헤어나지 못합니다.
그 소식을 한결같다 한 것은
바깥세상의 일이어서가 아니라
우리들 마음속의 일이기도 한 때문입니다.
마음자리가 전과 다를 바 없으니
거기서 나오는 것이 다를 리 없습니다.

One person who is quiet,
Not harsh,
— When alone like this,
Is beautiful.

사람들은 상상도 할 수 없는 일이라고
혀를 찹니다.
그렇지 않습니다. 어느 일이나
사람의 머리로 생각하고 저지르는 일입니다.
마음이 시켜서 하는 일이 분명합니다.

그 마음의 일이 뻔하다는 말입니다.
세상을 아는 것이 무섭습니다. 하지만,
내 눈앞에서 감추고 숨긴다고 해결되는 일이 아닌 것도
분명합니다.
깊이 보고 바로 알아야 합니다.

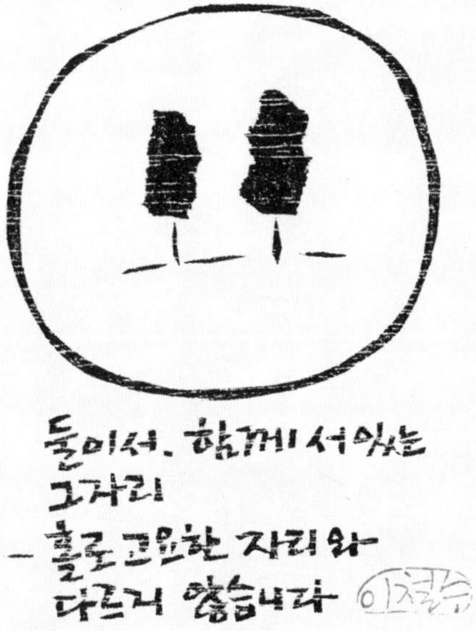
둘이서. 함께 서있는
그자리
— 홀로 고요한 자리와
다르지 않습니다
이철수

싸움과 이기적인 욕심으로 가득한 마음으로는
둘이서 함께 고요한 자리 만들지 못합니다.
사랑도 거기서는 선택일 뿐입니다.
세상에서 물건을 고르는 것과 꼭 같은 기준으로
사람을 선택합니다.
할인 · 바겐세일 · 무료증정 · 가격파괴가 다 있습니다.
과대포장 · 허위광고도 당연합니다.
서로 속지 않으려고 애를 씁니다.

Two. The place
Where they stand together,
— Is not different from
Where one stands quiet, alone.

사랑이 그렇게 거래되는 것이 아니기를 바라지만
이미 돌이키기 어려운 현실입니다.
마음이 인육시장 같은 이 세상을 만들어냈습니다.
기왕에 만들어진 것이라도
우리와는 멀리 상관없는 일이면 좋겠지만 그렇지 못합니다.
군것질거리를 파는 광고처럼,
사랑을 얻는 법,
길들이는 법…… 따위를 가르치는 잡지들도 보입니다.

그런 유의 인간관계가 어쩌면
대종을 이루고 있는지도 모릅니다.
하지만 그것은 사랑의 흉내거나 모조품인 셈입니다.
생명 없는 관계라고 해야 합니다.
그런 세상을 사는 동안은
끝내 허전한 마음을 가득 채우지 못합니다.
시대의 운명이라 할 수도 있습니다.
혼자서 고요하기 쉽지 않지만
둘이서 그러기 더욱 쉽지 않습니다.

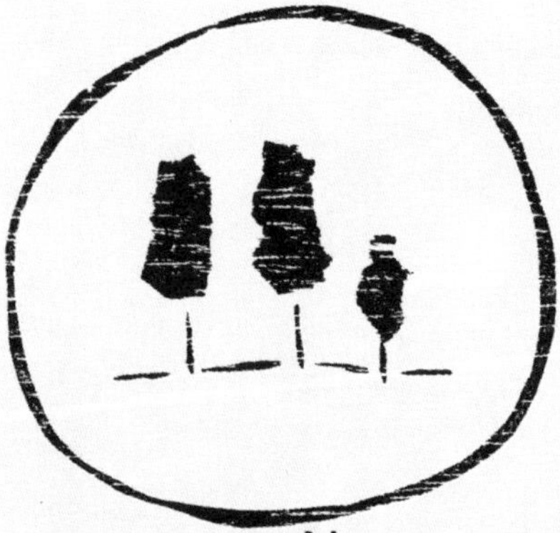

셋, 다정합니다
작은 하나가 큰둘의 자리
다 차지하여도
— 다툼 없습니다 이철수

아이 하나 키우는 집이 그럴까?
큰 둘은 스스로도 지키고 견딜 수 있지만
작은 하나는
아직 어려서 그러지 못합니다.
손도 마음도 많이 가야 합니다.
하지만 사랑만 넉넉하면
작은 것은
그 안에서 탈 없이 자랄 수 있습니다.
그 자리에서는 작은 하나가 주인입니다.
보기에도 아름답습니다.

Three. They are friendly.
If the smallest wholly infringes
On the larger two,
— There is no dispute.

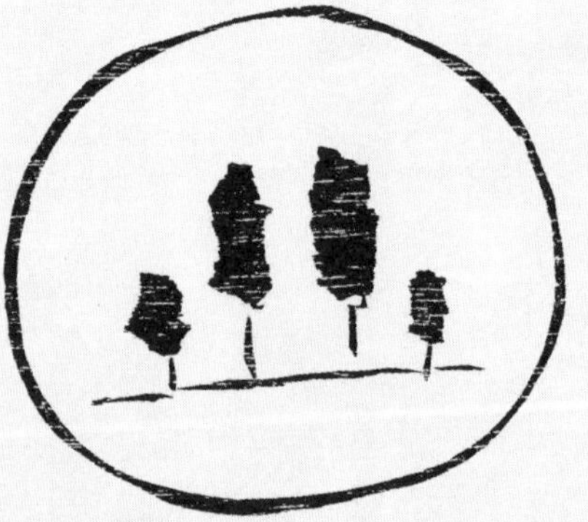

넷이서 하나되려면
— 열심히 서로 넷이어야
합니다 이철수

넷이서 하나 되려면 소외도 갈등도 생겨납니다.
당연합니다.
서로 이해하는 일이 필요합니다.
오래 애써야 합니다.

If four are to be one,
— They should understand one another
Perfectly.

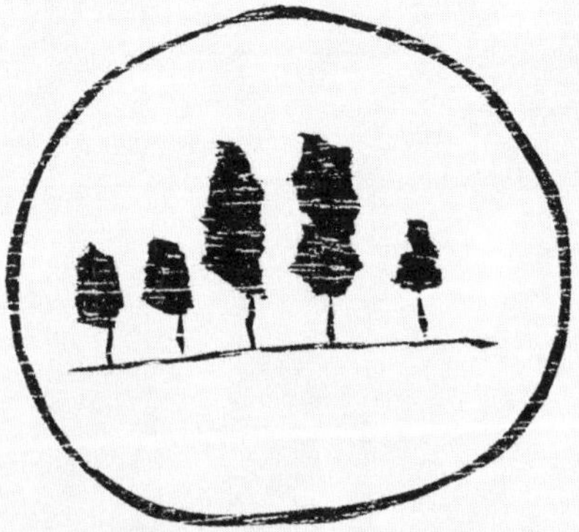

다섯, 숲이되고 나면
처음의 다섯은
아무도 기억하지
못합니다.
— 다시 시작입니다

이철수

많아지고 나면 기억해서는 안 될 것도 많습니다.
제각기 하는 일이 용납되어야 합니다.
대오를 맞추는 행진은 욕심일 뿐입니다.
서로 다른 것을 받아들여야 합니다.
윷가락처럼
도개걸윷모가 두루 나오는 것이 당연합니다.
많아서 가득하니 보기에도 좋습니다.
가득할수록 텅 빈 것에 가깝기도 합니다.

Five. When united as a wood,
None remembers
Being five
As they once were.
— It is a new beginning.

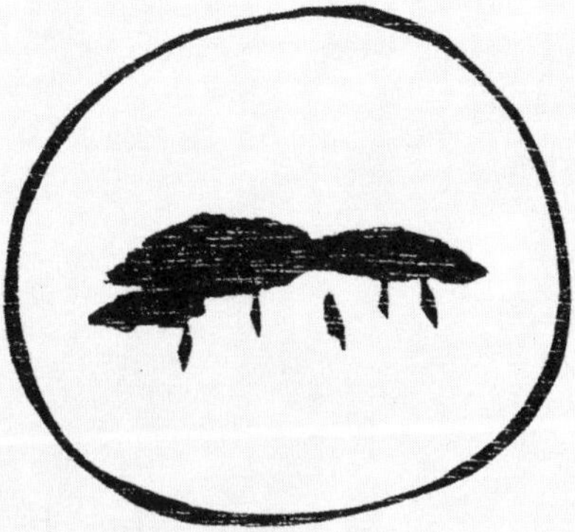

그 자리
—더불어 숲 이철수

가득해서 오히려 아무것도 없는 것이 이 자리입니다.
단청의 빈 데 없는 장엄문양이나,
능화판에 빼곡이 들어찬 잔무늬들이나,
가는 색실로 곱게 짠 천조각이
그저 하나인 것처럼
가득하면 오히려 사라져버리는
역설이 가능합니다.
수없이 많다는 말이
역설이기보다 사실입니다.

That place
— A wood united together.

그것처럼 '수학'의 융통성 없는 표정은
'무량수'의 태연자약 앞에 무색한 바가 있습니다.
충분히 많아서 하나가 되는 자리.
그래야 더불어가 됩니다.
그리고 그 자리에서 해낼 수 있는 일이 많습니다.

단결하고, 연대하고, 나누고,
어우러지는…… 그이상의 자리도 거기 있습니다.
지금 이 자리에서 벌어지는
야합 · 흥정 · 경쟁의 아수라장에 비하면
그 꿈은 참 감미롭습니다.

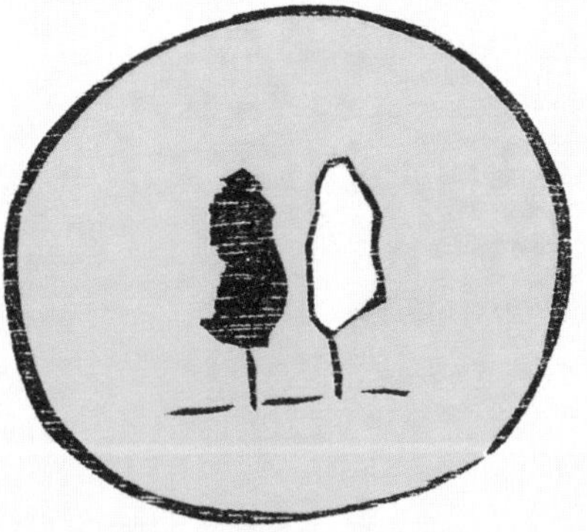

둘. 그러나 우리
— 다르지 않은 하나

이철수

둘이 하나이면서
엄연한 둘인 것도 변함이 없습니다.
아름다운 자리입니다. 같으면서 다르고
다르면서 같기도 한 자리는,
문 하나로
나가기도 하고 들어가기도 하는 것과 같습니다.
둘, 그러나 우리 진정 다르지 않은 하나.
그럴 수 있으면 좋습니다.

Two. But we are
— One, not separate.

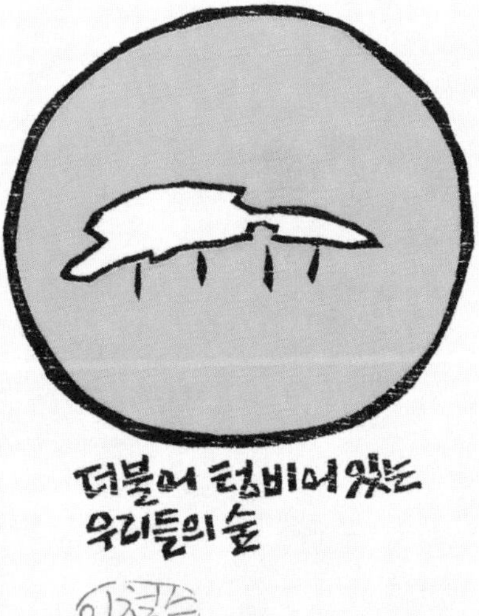
더불어 텅비어있는
우리들의 숲
이철수

현실세계에 깊이 뿌리박을 때만
이런 세계를 엄두 내고 꿈꿀 수 있습니다.
연꽃처럼, 오물 덩이를 마다하지 않는
정신만이 꿀 수 있는
꿈이기도 합니다.
오늘 더불어 준비해야 할 일이 그런 자리입니다.
잊고 사는 자리.
곁에 있는데 껴안지 못하고,
발 디디고 서서도 깨닫지 못하는 자리입니다.
꿈이라 환상이라 하면서
여여하다 하기도 하는 현실의 세계.
울울히 아름답게 성장하되 거기 붙잡혀 살지는 않는 자리.
구름 같은 그 숲에는 깃들이는 것도 많겠습니다.

Our wood,
Empty, united together.

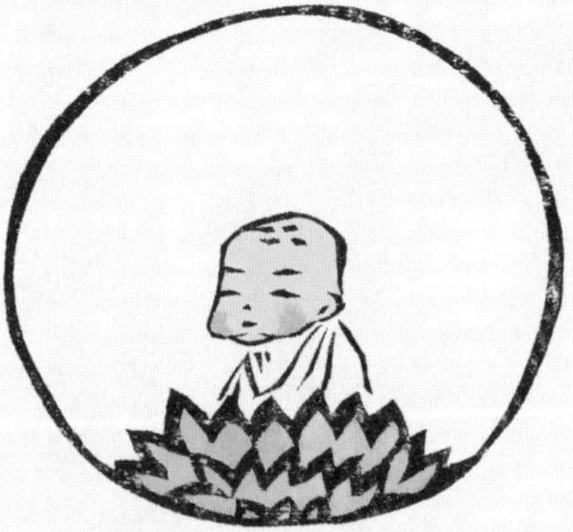

몸받아 세상에 오니
날마다 새롭게
좋은날 이철수

날마다 좋은 날.
말이 다한 자리에서 얻은 말이라 했습니다.
내일도 해 떠오를 것을 누구도 의심하지 않지만
사실은
기적이라 해야 옳습니다. 역사 이래 하루도 빠짐없이
해가 뜨고 지는 것이나 내일 다시 해가 뜨는 것도
경이로운 일입니다. 논리적으로만 생각하면
내일을 믿는 것은 미신입니다. 그렇게 기적 같은 새날
잠에서 깨어납니다.

Born into this world as a human being,
A good day,
Everyday, anew.

잠에서 깨어나는 이 몸뚱이도 새롭습니다.
누구나 오늘 맞이하는 것이 아님을 증명해주느라고
영구차와 상여가 소리내면서 지나갑니다.
그런 일 만나면 재수 있다는 미신도 있습니다.
내게 주어진 '살아 있음'을 확인하는 일이라

재수 있다 해도 좋겠습니다.
날마다 어찌 새롭지 않으리.
그렇게 말하기는 어렵지 않으나
깊이 느끼기는 쉽지 않습니다.
날마다 생일이라 해도 좋을 것을…….

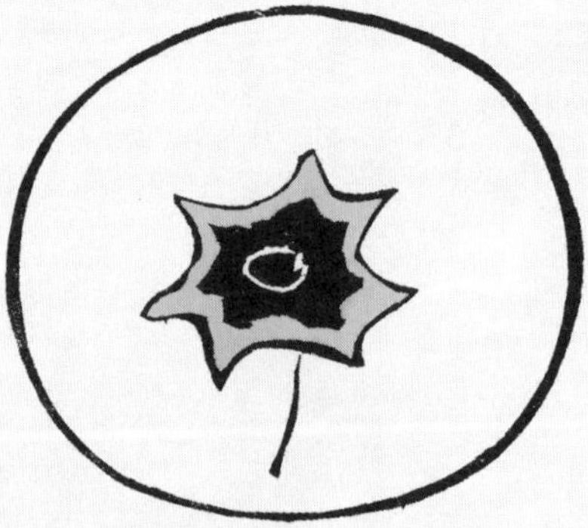

세상 바르게 보는
눈동자 하나
가슴에 안고 피는
꽃 이철수

눈이 하나면 병신이지만, 세상을 바르게 아는 눈은
하나로 족하기도 합니다. 꽃봉오리 안에도
눈동자 같은 중심이 있는 것을 볼 수 있습니다.
작은 해 같은 중심이 일식처럼 또렷하기도 합니다.
사람은 두 눈을 다 갖추고도
바르게 보는 일이 늘 서툽니다.
새는 새의 눈으로
꽃은 꽃의 눈으로
개구리는 개구리의 눈으로 세상을 봅니다.
짐승이야 짐승의 눈으로 그렇게 하겠지요.
사람은 사람의 눈으로 그럴 텐데,
정안이라고
바르게 보는 눈이 따로 있는가 봅니다. 그런 안목이 아니면
본다 해도 보는 것이 아니라니
무슨 말씀이신지 짐작하기 어렵습니다.
밝은 것은 밝게 보고
어두운 것은 어둡게 보라시는가.

A pupil of the eye
Seeing the world as it is,
A flower,
Blooming, holding it in its heart.

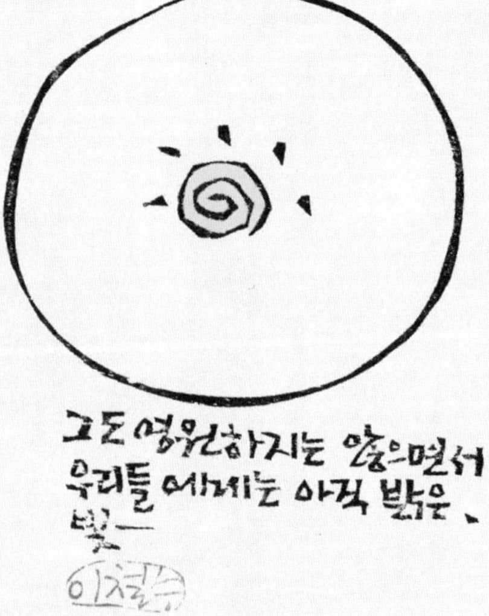
그도 영원하지는 않으면서
우리들에게는 아직 밝은,
빛—
이철수

일월을 영원한 것처럼 말합니다.
거짓입니다. 허공에 별이나 밝은 해나
잠시 드러난 것임을 압니다. 저 별빛 중에도 어느 것은
이미 허공에 없고 그저 옛 기억의 빛만
우리 눈에 보이는 것이라는 이야기도 들었습니다.
대폭발과 소우주와 은하계와 별들의 생애를 상상하면서,
태양의 다정한 도움을 입고 사는
자디잔 우리 존재가 느껴지기도 합니다.

Light—
Though not eternal itself,
Still bright to us.

큰 우주나 작은 생명이나
시작과 끝이 없지 않을 것을 압니다.
밝은 해도 언젠가 어둠에 제 몸을 맡기게 될 것입니다.
사람의 셈으로도 그 끝을 알 듯싶습니다.
생애도 그렇게 흘러갑니다.
깊디깊은 인연으로 이루어지는 일임을 깨닫기도 합니다.

따사로운 햇살이 그래서
더 소중한 줄 알겠습니다.
돌이키지 못할 순간을
이렇게 사는 것입니다.
살아가는 한순간도 놓치지 말아야 합니다.
목숨을 낭비하는 일을 생활이라 해서는 안 됩니다.

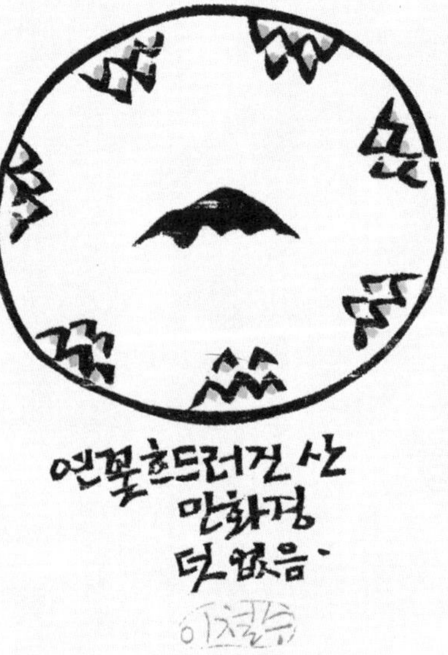
온꽃 흐드러진 산
만화경
덧없음.
이철수

흔적 없이 떠돌 수 있어야 바른 행각이라 합니다.
구름이 허공에, 새떼들이 허공에,
사람이 세상에 흔적 남길 수 없습니다.
오늘도 오리떼들이 하늘을 날아 산 너머로 갔습니다.
겨울 오리가 떨어뜨린 깃털은 찾을 수 있을 터이지만,
오리가 날아간 길은 보이지 않습니다.
그 허공이 다시 적적할 뿐.
그 하늘 아래 사람들이 터무니없는 욕심을 냅니다.

The mountain where lotuses grow splendidly,
A kaleidoscope,
Transience.

호랑이는 가죽을 남기고 사람은 이름을 남긴다니
큰 거짓말인 것 누구나 짐작할 만합니다.
무릇 생명은,
다하여 사라지는 데 그 깊은 뜻이 있다 해야 옳습니다.
온갖 장엄과 치장이 우리 눈을 잠시 멀게 하고

마음 어지럽히지만 그야 어리석은 마음 탓입니다.
어린아이들은 거울 세 쪽으로 만화경을 만들어 놉니다.
어린것들도 그게 헛된 장난인 줄 잘 압니다.
만화경의 겉도는 조화를 평생 가지고 노는 이는
어른들뿐입니다.

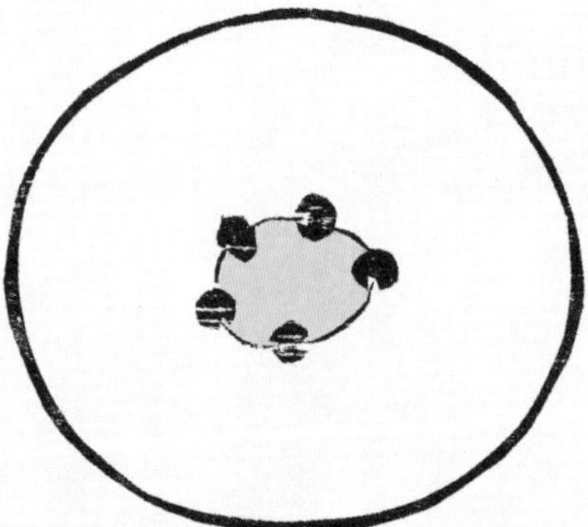

우리들 한끈의 인연으로
귀하고 아름다와집니다
쓸모있습니다 이철수

염주알이, 책상 서랍에고 반짇고리에고 마구
굴러다닙니다. 끈 떨어졌을 때 바로 주워서 꿰지 못하면
결국은 그렇게 흩어지고 맙니다.
끈으로 꿰어야
아름다움도 드러나게 됩니다. 인연입니다.
오래 묵어서 익숙하고 편하게 되도록 하는 것도
우리 할 탓입니다.
서로 부비고 살면 오히려 밝아져서 반짝이게 됩니다.
윤기 있는 묵은 단주가 아름답습니다.
그렇게 나이드신 이도 아름답습니다.
우리 살아가는 하루하루도 실은 오래 나이든 것을
생각하였습니다.

Tied to a string of common karma,
We become precious, beautiful,
And useful.

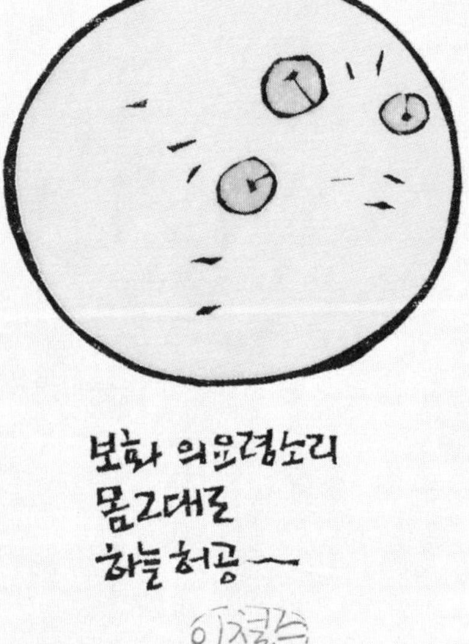
보화 의요령소리
몸그대로
하늘 허공 —
이철수

요령은 손잡이 달린 작은 범종입니다.
보화가 몸 그대로 올랐다는 그날, 하늘에서 울린
요령 소리의 아름다움은 어떤 것이었을까?
몸이 그대로 하늘로 떠났으면 육탈입니다. 뜻밖의 일이라
혹세무민한다는 소리 듣기 안성맞춤이지요?
믿기 어려운 일은, 사실 여부를 묻기보다 그 사건이
전하는 뜻에 마음을 두는 편이 옳습니다.
보화의 일은 우선 아름답습니다.

The sound of Bowha's hand-bell,
With the body itself,
Is in the sky, the void—

지극한 마음이 몸도 움직인 것이라
몸과 마음을 따로 생각하는
허튼 관념들에 쐐기를 박은 셈입니다.
목불을 쪼개 군불을 지핀 조사의 일화는
공허한 관념의
미타한 고집에 도끼질하신 이야기입니다.

목불이 아니라 망령된 미신이 쪼개져버린 것입니다.
지금 시절은 마음보다 몸뚱이에 더 관심이 많은 듯합니다.
개 짖는 소리가 허공에 잠시 머물다 사라졌습니다.
그 소리 흔적 없는데, 보화의 요령 소리
천년을 사라지지 않습니다.

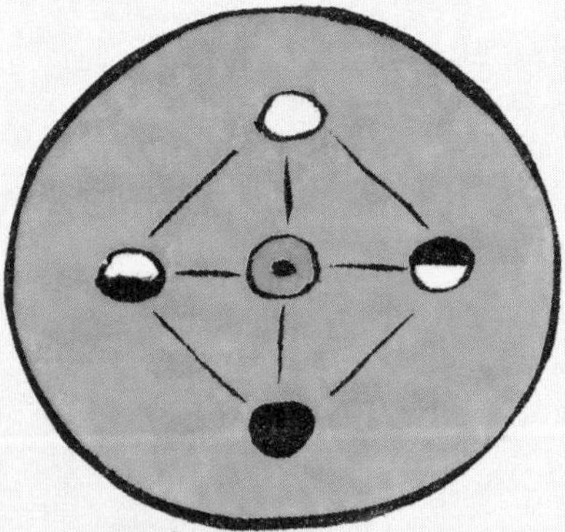

유전하는것
두려움 없이 만나고
버리는일.
마음도 거기속합니다
이철수

유전하는 것. 흘러서 변화하는 도중에 있는 일.
무상하다는 말이 그런 뜻이라고 합니다.
눈앞에 보이는 모든 것이 실상이 아니라는 말씀입니다.

하지만, 세상을 그렇게만 보아서는 허황합니다.
공적의 무거운 솜이불을 쓰고 한여름 보내야 합니다.
들어설 때 선뜻 들어서고 나올 때 성큼 나와야 합니다.
밥을 숟가락에 떠서 입에 넣듯이 해야 합니다.
문 밖에서 머뭇거리면 자빠지는 일만 남습니다.
깊이 사귀되 빠지지 않고
조심스럽되 거칠 것 없는
그런 걸음으로
사람도 만나고 세상도 살아야 합니다.

Impermanency,
Means meeting and throwing away
Without fear.
It includes the mind, too.

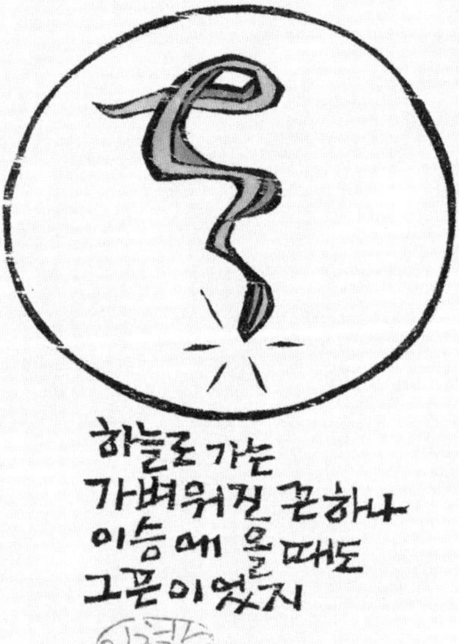
하늘로 가는
가벼워진 끈 하나
이승에 올 때도
그 끈이었지
이철수

세상에서 숨쉬어보지 못하고 이승을 떠나는
저주받은 생명들도 많다고 들었습니다. 병원 쓰레기통으로
곧장 들어가는 목숨도 탯줄 없지 않은 것 보면
인연 없이 이승에 온 것은 아닙니다. 시절이 비루해지고
인간이 각박해져서 생명이 값없이 꺼져버리게 되었습니다.
하루살이만도 못한 그것도 일생을 사는 것이기는 합니다.
그 한 목숨을 이승에 떨구고 나서
가벼워져 하늘로 오르는 끈이 있습니다.
버려질 인생을 위해 헛수고를 한 끈이 안되었습니다.
아비지옥인 이 세상을 오래 산다고 복있다 할 것은 아니지만
나자 저승인 인생은 안타까운 일입니다.
요행 이승을 길게 살면, 사는 데 분주하여
제 처음 시작한 탯줄자리를 잊고 지향 없이 살다가,
기억도 없는 그 끈에 다시 엮여 허공으로 떠나게 됩니다.
본래 자리로 되돌아드는 것이 사람 인연입니다.
어두워진 하늘에도 길 있고 밝은 하늘에도
길 있습니다.

A string, lightened,
Going up to the heavens.
The same string,
Coming down to this world.

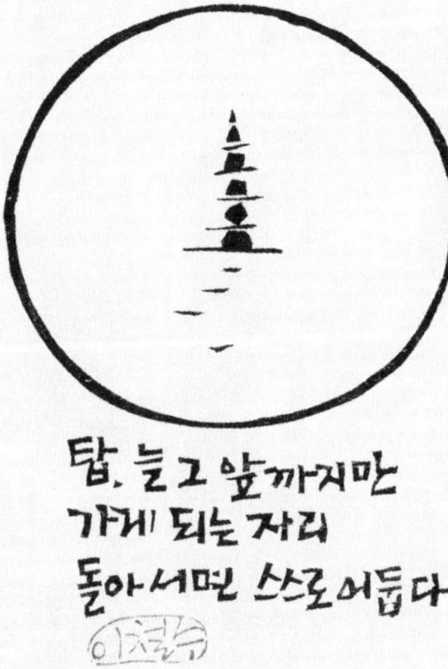
탑. 늘 그 앞까지만
가게 되는 자리
돌아서면 스스로 어둡다
이철수

어느 날은 탑 앞에 가서 섭니다.
늘 그 앞에까지만입니다.
그는 주인이고 저는 객입니다. 서로 스며들지 못하기
때문입니다. 몸이 구속이 되는 것을 압니다.
탑 역시 그렇습니다.
그렇게 조건지어져 있는 것끼리는
서로 겉돌 뿐 하나가 되지 못합니다.
사람으로 있는 한은, 바깥 어떤 것과도
온전히 하나가 되지 못합니다.
겉도는 것이 타고난 운명입니다.
사람의 자리가 늘 그렇습니다.

The tower. The place
Beyond the front of which we cannot go.
Upon returning, we are in all darkness ourselves.

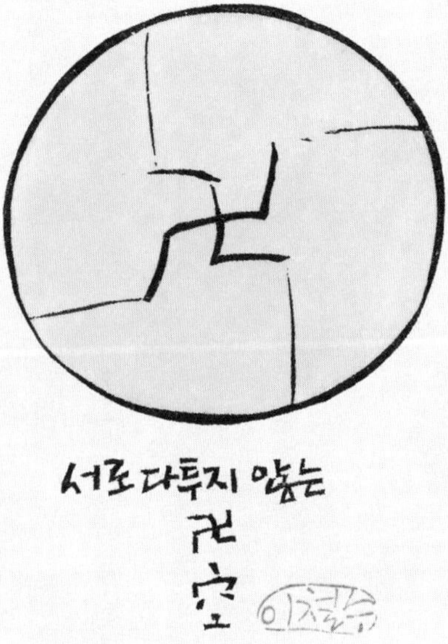
서로 다투지 않는
卍
空
이철수

무슨 말이 있는가
깊이 어리석어도 문득 뚫리고 가득해도 곧 비는 법.
서로 다툴 것 없는 그 마음으로…… 잠시 살 것을,
어리석은 사람들이 서로 다투고 싸웁니다.

Not struggling with each other,
Swastika,
Emptiness.

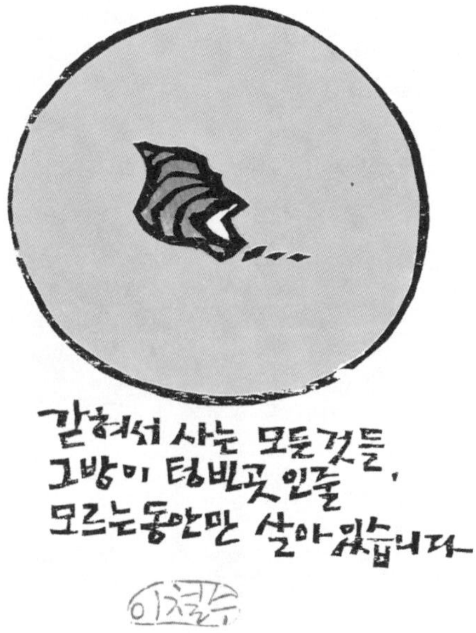
갇혀서 사는 모든것들,
그방이 텅빈곳 인줄
모르는동안만 살아있습니다
이철수

마음껏 나다닐 수 없으면 고통스럽습니다.
그를 아는 이들이 감옥을 만들었습니다.
인생을 망가뜨리는 틀입니다.
거기서
십 년 이십 년 삼십 년을 살고 나온 사람들을 봅니다.
시대가 얼마나 무자비하고 혹독했는지
짐작하고 남음이 있습니다.
놀라운 일은,
긴 세월을 갇혀 살던 이들에게서 오히려
깊고 아름다운
사람의 향기를 맡을 수 있는 것입니다.

Everything living locked in itself.
It is living so long as it doesn't know
The room is empty.

문 없는 토굴을 지어 그 안에서 면벽수행을 했다는
전설 같은 이야기들이 선가에 떠돌거니와,
그런 어둡고 고통스러운 공간에서
수정구슬을 말갛게 닦아올리는 이들을 보면
새삼스럽게 사람과 생명을 긍정하게 됩니다.
감옥이 그 자리가 되기도 합니다.
그런 마음이 없었더라면
시대에 절망하였을 터입니다.
그 마음 덕분에
감옥도 사람 사는 곳일 수 있었습니다.
이 세상도 감옥이 아니던가?
뜰에 달팽이가 삽니다.
여름이면 마루에도 기어들고, 연잎에도 오르고,

붓꽃 긴 이파리에 기다 쉬다 하기도 합니다.
더듬이를 내밀어 사위를 보다가
느껴지는 것 있으면
미끄러지듯 제 껍질 안으로 몸을 숨깁니다.
달팽이 껍질에 비하면 맨살이 드나드는 안쪽 길은
얼마나 미끄러운지 모릅니다. 지극한 미끄러움이라
생명의 보드라운 속살을 다치지 않습니다.
갇힌 듯해도 마음길이 열려 있는 것입니다.
그 안에서도 살아 있는 동안에는 생명의 기운으로
미끄러움을 유지할 수 있을 터입니다.
더러워진 튀김기름처럼 끈적거리는 마음길을
그저 마음인가 보다 하고 지내는 사람은
온전히 사는 것이 아닙니다.

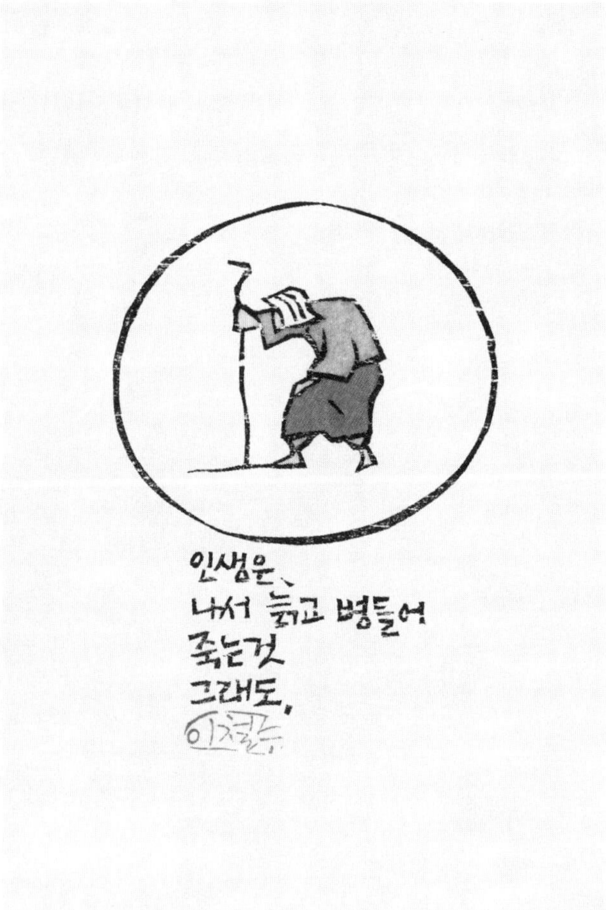
인생은、
나서 늙고 병들어
죽는것
그래도,
이철수

정신 흐려지신 동네 노파가 가끔 오십니다.
오늘은 정신이 잠시 맑은 듯 옛이야기가 제법이십니다.
밥 차려드리면 맛있게 드시고
술 한 잔에 기분이 좋은 그이는,
끼고 다니는 세숫대야에 낫 한 자루하고
바가지 하나 늘 들어 있고
밥보자기로 덮은 바가지 안에는
건빵이며 풋과일, 떡 따위가 자주 담겨 있습니다.

Life,
Being born, growing, becoming sick,
And dying.
However…….

그 덕에 건빵, 사과를 얻어먹고,
제가 드리는 건 늘 담배 몇 갑입니다.
그이는 이제 연세도 많습니다.
인생이,
나서 늙고 병들어 죽는 것이라면
이제 죽기만 남은 셈입니다.
이제는 제정신이 돌아와서
새둥지 같은 머리채도 감고
따뜻한 밥이나 거르지 않고 자시다 가면 좋겠습니다.

하지만, 그리 되면 그 노인네 오래 못 사시지 싶기도 합니다.
미쳐서 사느라 세상에 초연해지신 것이
견디는 힘이기도 합니다.
어두운 방 안에서 해산한 고양이와 함께 사는 생활이
제정신으로는 오히려 어려울 성싶습니다.
미쳐야 살아지는 세상이라 하고 보니
우리 살림살이도
대략 그 언저리에 있는 것이 생각납니다.

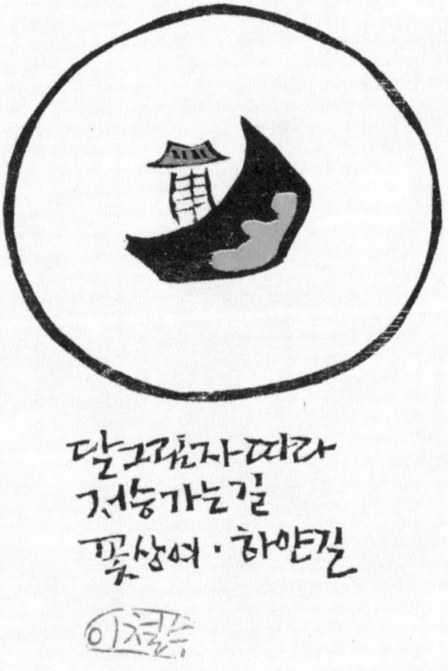
달그림자따라
저승가는길
꽃상여 · 하얀길
이철수

그 노파 세상 떠나시면 동네길이 허전할 듯합니다.
나라에서 가난한 집에 보태주는 양식 · 땔감 · 돈 중에서
현금만 따로 모아둔 것이 동네에 있다고 합니다.
그 돈이면 가벼운 관과 허름한 수의는 사다 쓸 수 있을 테고,
여느 사람들처럼 동네 뒷산 공동묘지에 가서 누우실 테지요.
상여에 몸을 싣고
요령 하나에 인로번 하나 앞세우고 길에 나서면
마지막 가는 영결의 모양은 갖추는 셈이 됩니다.
나이드신 동네 어른들의 마음속 작별인사가 각별할 것도
분명합니다.
그날이 한무더위 여름날일지.
희끄무레한 하늘에 눈발 성기게 뿌리는 겨울이 될지…… .
그 길로 그이 가고 나면,
그 저녁 기우는 달에 그이 살던 오두막집이 실려
하늘로 난 긴 저승길로 떠나느라 나직이 흔들리기도 하려니.
저승 가는 길 꿈결인 듯—
꽃상여 하얀 길.

The way to the other world
Following the shadow of the moon,
A flowered funeral bier. A white road.

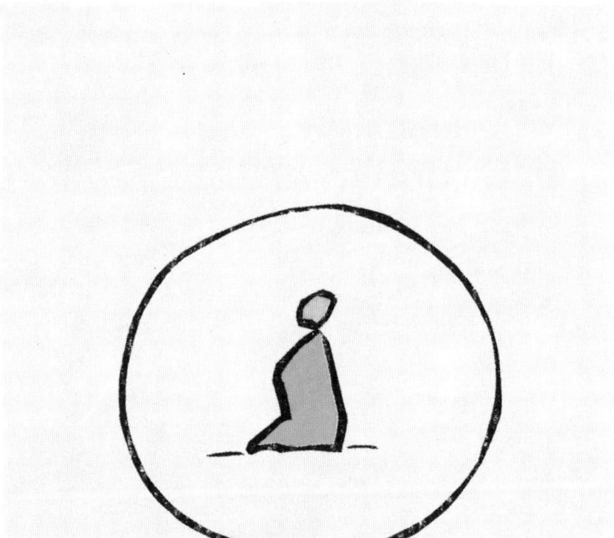
그윽한 곳.
안팎없는 거기
당신자리
이철수

마음이 온갖 것 솟아나오는 화수분입니다.
야비하고 더러운 것들이 그 안에서 쏟아져나오는 것 보면
마음은 쓰레기통입니다.
쉬지 않고 살피고 지켜보아야 합니다.
제 몸뚱이에 속한 것이라 제 몫이기 때문입니다.
헛된 것에 팔려가는 마음을 가만 지켜보면
마음이 스스로 부끄러워서 슬금슬금
제자리를 찾아가는 일도 있습니다.
그만해도 다행입니다.
어두운 밤길의 손전등처럼, 켜서 밝히면 길 가는 데
도움이 됩니다. 늘 준비하여 살피는 마음가짐으로
안팎이 조용해지는 순간을 만날 수 있을지도 모릅니다.
그윽한 곳 안팎 없는 자리.
거기서 호적 올리고 주민등록하여 사는 데는
일대사 인연이 있어야 한다고 했으니
쉽지 않은 일일 테지만, 거기가 우리들 본래자리인 것은
믿어도 좋을 성싶습니다.

A secluded place.
No distinction of the inside and the outside.
Your place.

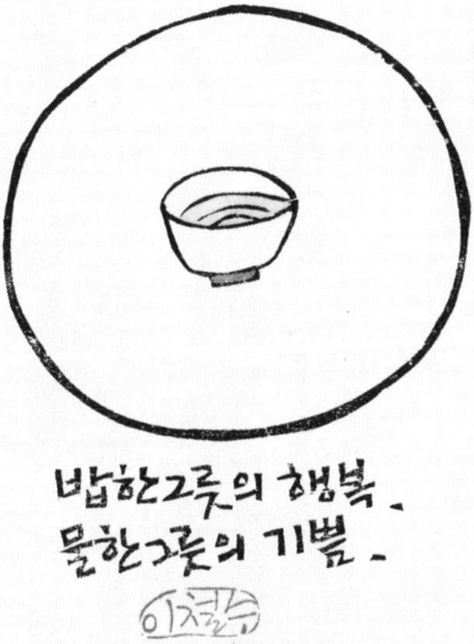
밥한그릇의 행복
물한그릇의 기쁨
이철수

넘치도록 많아진 물건들과
먹고 남은 음식 찌꺼기가
걱정인 시절이 되었습니다.
사람처럼 쓰레기를 많이 만드는 짐승은 없습니다.
흔전만전이어서 함부로 하게 되는 것입니다.
사람조차 그렇게
'흔한 물건' 이 되고 만 듯합니다.

Happiness with a bowl of rice.
Pleasure with a bowl of water.

사람들이 만들어내고 내다버리는 '쓰레기' 에
사람도 들어 있습니다.
호텔에서 '뷔페' 음식더미를 보고
떠다 먹을 엄두가 나지 않던 날이 생각납니다.
사람마저 어찌해버릴 것 같은 기분이었습니다.
먹을 것은 많고 삶은 짧은가?

소식 · 소찬

소박하고 적은 음식이 사람에게는 어울립니다.

정한 물 한 그릇.

더할 나위 없습니다.

소박하고 맑은 음식이 마음도 그렇게 할 것도 분명합니다.

그것 알면서도 삼가지 못하는 것은

마음 못난 탓입니다.

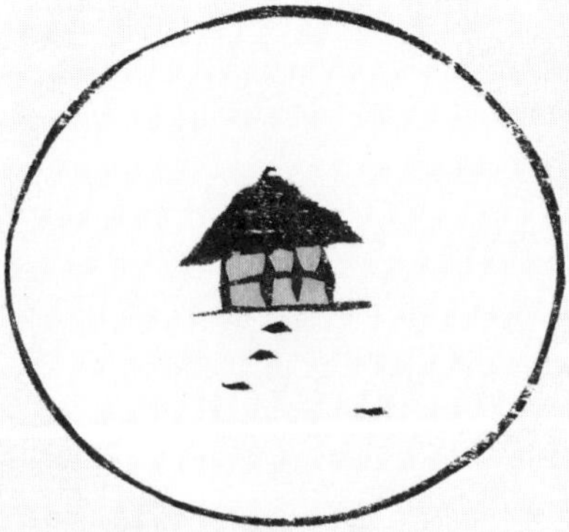

집 · 다정한 곳
집 · 고요한 데

이철수

가끔, 긴 여행 끝에 피곤해진 몸으로 밤길을 걸어 집에
돌아오는 날이 있습니다.
재 너머 옴팍한 분지에 불빛 보이기만 해도 마음 설레다가,
낯익은 길을 걸어 대문 앞에 서면 안심이 되고,
제 작은 방에 들어와 앉으면 마치 제 속에 들어온 듯
푸근합니다.
제 냄새를 확인하는 짐승들처럼,
사람에게도 그런 감각이 몸 깊이 남아 있는가 봅니다.

A house. A place of warmth.
A house. A place of quietness.

작은 방 안에서 느끼는 편안함은
오관을 다 충족시킨 평온입니다.
가끔은 그런 평안함을 경계하기도 하지만,
한 번도 그 안식의 동굴로 기어들어와 쉬는 것을
사양해본 일이 없습니다.
참으로 범속한 삶이기도 합니다.
아이들 자라느라 시끄럽고
찾아드는 손들이 많아 늘 조용치는 않아도
이 자리에 있으면 미움이
쉽게 조용해지곤 합니다.
생각하면,
허술한 네 벽과 작은 문들과 고르지 않은 바닥과
낮은 천장뿐인데……
동굴처럼 어둡고 작은 방 안에서
왜 이토록 편안한 것인지.
짐승처럼 제 오줌 냄새를 흘려두고 다니면서
그 안으로
누구도 들어오지 못하게 해야 편안해지는 것이 사람인가?
그래서 오늘도

해 저물면 대문에 빗장을 지르는 것으로
하루를 마감하고?
남이 있으면 편히 쉬어지지 않는 것을
하루쯤 객 없이 지내보면 압니다.
비로소 편해집니다. 깊이.
그러니까, 손님을 맞아 마음을 내어 다정하게 구는 것이
조심스럽고 경계하는 마음과 다를 것이 없다는 말입니다.
내가 편해지지 않고는
남을 편히 대하기 어려운 줄 알겠습니다.
제 굴 속에서 그러고 사는 터에
바깥에서 얼마나 긴장하고 다닐지 짐작할 수 있습니다.
안팎에 두루 다시 살필 것이 많아졌습니다.
짐승 한 마리가, 천하를 제 집으로 여기지 못합니다.
끝내는 관짝 속을 내 집으로 삼아서
들어앉는 날도 있으려니,
그 집도,
사람들 사는 여느 집과 다를 것이 없습니다.
나갈 문이
따로 나 있지 않은 것밖에는.

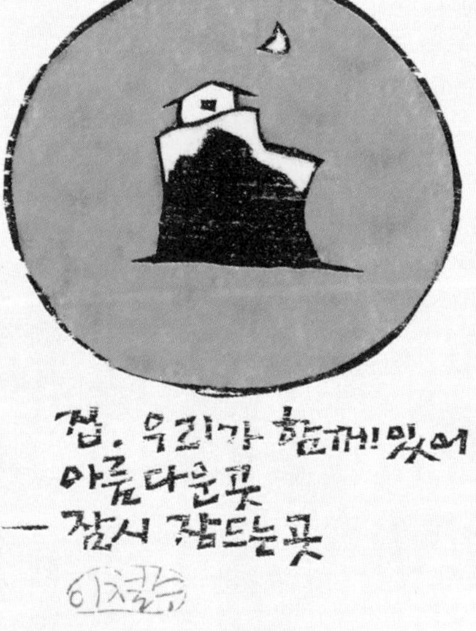
집. 우리가 함께 있어
아름다운 곳
— 잠시 잠드는 곳
이철수

아직도 집이 없는 이들이 많습니다.
그 작은 동굴을 돈으로 사야 하기 때문입니다.
들쥐 · 산토끼 · 오소리 · 곰 새끼가 그토록 어렵게
제 집을 마련한다는 소리 듣지 못했습니다.
문명한 세계가
집을 빼앗아갔다고 하면
지나친 표현이 될지? 실상은 그런 듯합니다.
편히 누울 자리 하나를 얻는 데
심하면 평생을 걸어야 합니다.
그나마 얻은 집이 높은 데 달랑 남아서 가련해진 경우도
보았습니다.

A house. A place of beauty
Because we come together.
— A place where we sleep for a short time.

재개발이라는 명목으로 강제철거를 하는 동네에서
가끔 보게 되는 풍경입니다.
굴 밖에서 사냥꾼들이 연기를 피우고
안에 있는 오소리가 전전긍긍하는 형국입니다.
세상은 무서운 곳이라 밖에 큰 짐승들이
으르렁대는 소리를 언제나 들어야 합니다.
그러니까
함께 지내는 사람들끼리라도 다정해야 합니다.
비좁은 곳이라 해도 다정하기만 하면 집답습니다.
크고 호사스러운 집이거나 작고 비좁은 집이거나
마음 두지 말아야 합니다.
젠체하느라 크게 지은 집도 사단이지만

작은 거처를 부끄러워하는 것도 문제 없지는 않습니다.
작은 집에 겸손히 사는 것조차 마지막은 아닙니다.
출가라는, 허허로운 길로 나서 집을 버리는
큰 마음씀도 있습니다.
그이들 꿈꾸는 집은 어디인가?
세상 끝보다 더 먼 데를 보는 고요한 눈, 고요한 마음이,
안일에 빠져드는 우리 삶을 일깨우는 듯합니다.
소리 없으나 경책입니다. 얼른 알아채야 합니다.
잠들지 말라!
짐승의 굴에서 오래 잠들어 지내지 말라.
그 방에서 늘 깨어 있으라.

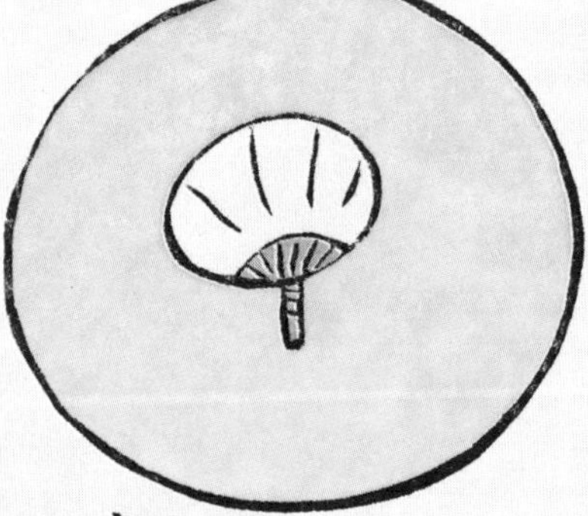

한여름에는
시원한 바람을
쏘이라.

이철수

시골방에서,
비닐 부대를 가리비처럼 접어서
막대기에 꿴 부채를 보았습니다.
어느 화랑에서는,
그림을 새겨넣은 값비싼 부채를 보았습니다.
너무 비싸서 벽에다 모셔놓아야 하게 생긴 부채였습니다.
바람 일구는 노릇을 마다하는 부채라니
어리석은 사람의 철없는 소행이 분명합니다.

In mid-summer,
Expose yourself
To a refreshing breeze.

접시에도 그런 짓을 해서
비싸게 판다는 소식을 들었습니다.
같은 발상입니다.
땀 흘리는 일과 그렇게 거리가 먼 것을 보니
대단한 예술인가 봅니다. 그렇게 꽉막힌 예술품 부채 없이도
삼복을 시원하게 보내는 방법은 많습니다.

그중 제일 좋은 것은 지치지 않을 만큼 일하고
그늘 좋은 데 앉아 쉬는 일입니다.
한여름에는 시원한 바람을 쏘이라 하였거니,
땀 흘리고 나면 바람 절로 시원해집니다.
한여름에는 시원한 바람을 쏘이라.
옳은 말씀입니다.

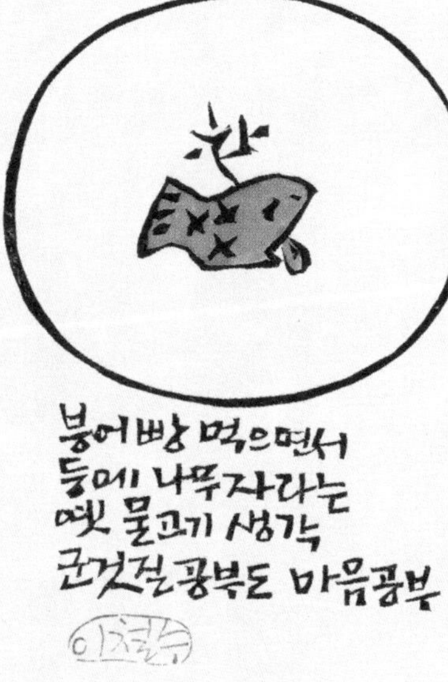
붕어빵 먹으면서
등에 나무자라는
옛 물고기 생각
군것질 공부도 마음공부
이철수

붕어빵도 요즘은 맛이 달고 향기롭습니다.
가난한 시절의 알량한 풀떡 붕어빵이 아닙니다.
그런 생각이 드는 것 보면 조금씩 나이먹는가 봅니다.
아직 알량한 나이지만 우거진 풀덤불처럼
갈수록 거칠어지는 마음자리를 생각하면
지나온 날들이 부끄럽고 그 나날에 죄송하기도 합니다.
등에 나무가 자라는 물고기 생각을 하게 되는 것이
당연합니다.
가시덤불 안에서 향기 있는 꽃 한 송이 피어나면
향기 스며나와 거기 꽃 있는 것 알 수 있습니다.
깊고 험한 골짝에도 하늘 향기를 내뿜는 난초가
뿌리내릴 자리 없지 않듯이, 오래 버려둔 밭에도
이쁜 꽃 하나 허리 펼 데 없지 않을 터입니다.
부끄러운 일상사를 돌아보면서
공붓거리가 없는지 찾는 것도 그런 아쉬움 때문입니다.
오늘 저녁은 붕어빵으로 공부하였습니다.

Eating carp-shaped cookies,
Thinking of an old fish
With trees growing on the back.
Eating snacks is teaching the mind.

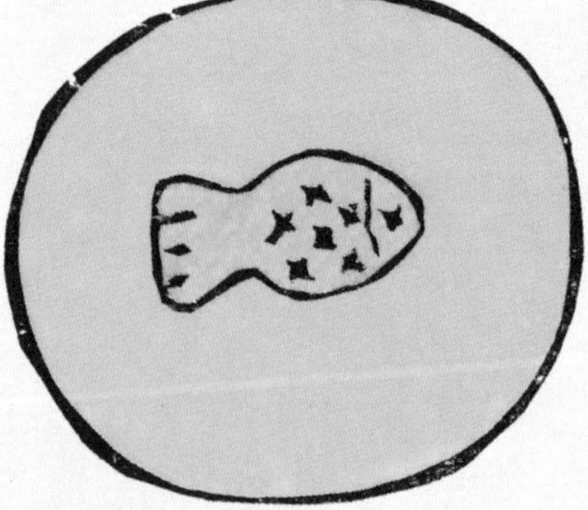

붕어빵 먹으면서
등에 나무 자라는 물고기생각
군것질공부도 마음공부

이철수

세상 사느라 다투고 시비하고 욕심 · 시샘 어우러져서
물 간 해삼처럼 퍼져버리는 것이 마음입니다.
저 혼자 맑은 산꼭대기나 외딴섬처럼
뚝 끊어져버린 피안을 생각하기에는
살면서 얽혀버린 인연이 너무 많고 어지럽습니다.
사는 자리에서, 찾을 것 찾고 얻을 것 얻어야 합니다.
행주좌와 동정일여라니, 다니거나 머물거나 앉거나
눕거나 서거나 관계 없이 언제라도 마음자리를
살필 수 있다는 말씀입니다.
차 한 잔 · 물 한 그릇, 바삐 울리는 전화기 · 문서전송기 ·
TV · 비디오, 환히 들여다보이는 커피전문점, 옷가게,
악세사리 가게, 금은방…….
보이는 모든 것이 대하기 나름으로
공붓거리가 된다는 말씀이기도 합니다.
그 분주잡답 안에서 고요해질 수 있으면, 공부치고는
야무지고 실속 있는 것이라 하겠습니다.
그렇게 시작해도 좋습니다.

Eating carp-shaped cookies,
Thinking of a fish
With trees growing on the back.
Eating snacks is teaching the mind.

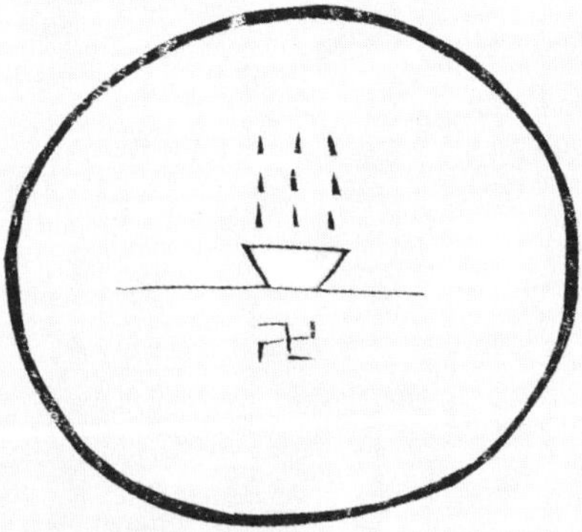

정결한 물 한그릇
하늘이 내듯
마음자리 늘...
다정해야 합니다

이철수

다정한 사람.

따뜻한 가르침.

백장노인께서 그러셨다는 이야기를 기억하고 있습니다.

산문의 삼엄한 청규를 만드신 그이는

한 몸에 엄격과 다정을 다 갖추신

드문 선지식이었는가 봅니다.

Just as the heavens offer
A clean and pure bowl of water,
So should our heart always be……
warm.

하늘에 비 내리는 것을 보면,
가지 끝 여린 순에 속삭이듯 하다가
후려치는 큰 죽비처럼
거칠 것 없어지기도 합니다.
어느 것이나 산하대지에 약이고 감로수고
생명이 될 것을 압니다.
그이는 그렇게 자연이었는가 봅니다.

다정도 엄격도 두루 길인 것을 알겠습니다.
그래도 다정이 좋습니다.
늘 그럴 수 없는 줄 알면서도 굳이
다정이 좋습니다.
다정한 것은 봄날 소식. 거친 것은 여름 소식.
냉정한 것은 가을 소식.
감추어 덮되 무섭도록 시린 것 겨울 소식입니다.

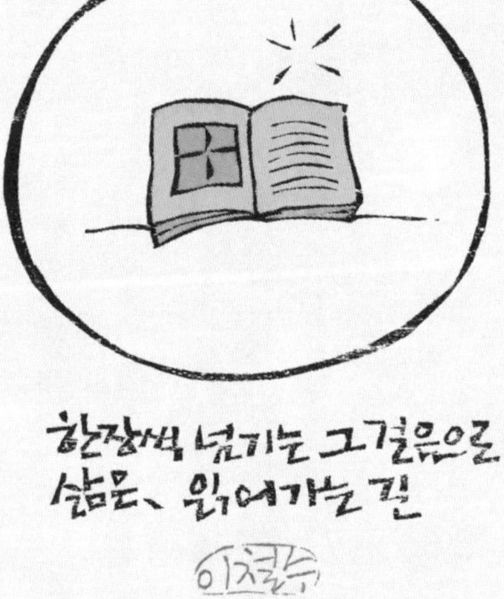
한장씩 넘기는 그걸음으로
삶은、 읽어가는 길
이철수

살아온 날을 돌이켜보면 폐허라고 해야 합니다.
무엇보다,
한달음에 목표에 이르려는
욕심이 만든 폐허가 적나라합니다.
헤어나기 어려운 자리입니다.
욕망이, 세상을 바삐 살게 합니다.
잘 다듬어진 직선도로를 고속주행하는 것이
사람들이 선호하는 교통수단입니다.
사람의 마음 씀씀이가 잘 드러납니다.

빠른 것에 몸을 실으면
아주 멀리 있는 것만 볼 수 있게 됩니다.
빨리 달릴수록 가까운 것은 보이지 않습니다.
길가 가로수 풀섶이 차창에서 제일 먼저 지워져버립니다.
바삐 살면 좋은가?
찬찬히 살피고 기다려가며 살면 안 되는가?

볼 것을 보고, 만날 것을 만나고,
누릴 것을 누리면 안 되는가?
호흡을 고르고 천천히 걸으면서 살피면,
살아 있는 것들과 만날 수 있습니다.
고속도로 길녘에도 풀섶에 여치 있고 오줌싸개 있습니다.
그것하고 사귀면서 살면 좋은 일도 많이 있습니다.

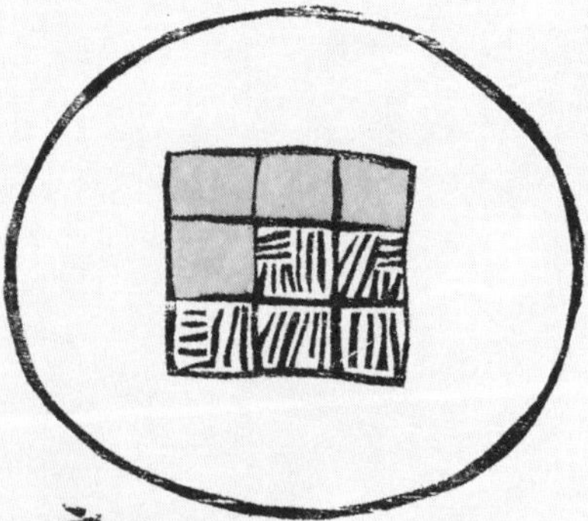

한장씩 넘기는 그걸음으로
삶을
채워가는 책꽂이

이철수

골라 입을 수 있는 옷가지는 있으면서
가려 읽을 책은 없는 살림은 살림이라 하기 어렵습니다.
제 손으로 만든 그릇이나 책꽂이나 찻상 하나 없이
꾸며놓은 방은, 남의 방일 뿐입니다.
그 마음가짐으로도 제 삶을 산다 하고 싶을 테지만,
천만에 그 삶은 제 것이 아닙니다.
목욕이나 머리 가꾸기는 때를 놓치지 않고,
하루이틀만
뒤를 보지 못하면 장청소를 한다 변비치료를 한다
법석을 떨지만,
수십 년 묵혀둔 쓰레기가
마음에서 냄새를 풍기는 것은 불편해하지 않습니다.
어쩌면 다행한 일입니다. 자칫 마음의 숙변을 청소해준다는
돌팔이들이나 한밑천 잡게 하고 말지도
모르는 일입니다.
책을 읽는 일이나 사는 일이나 조급히 굴 것은 없습니다.
책도 보다 일도 하다 그러면 됩니다.

At the same pace as
The pages of the book are turned, one by one,
Life,
A bookshelf becoming filled with books, one by one.

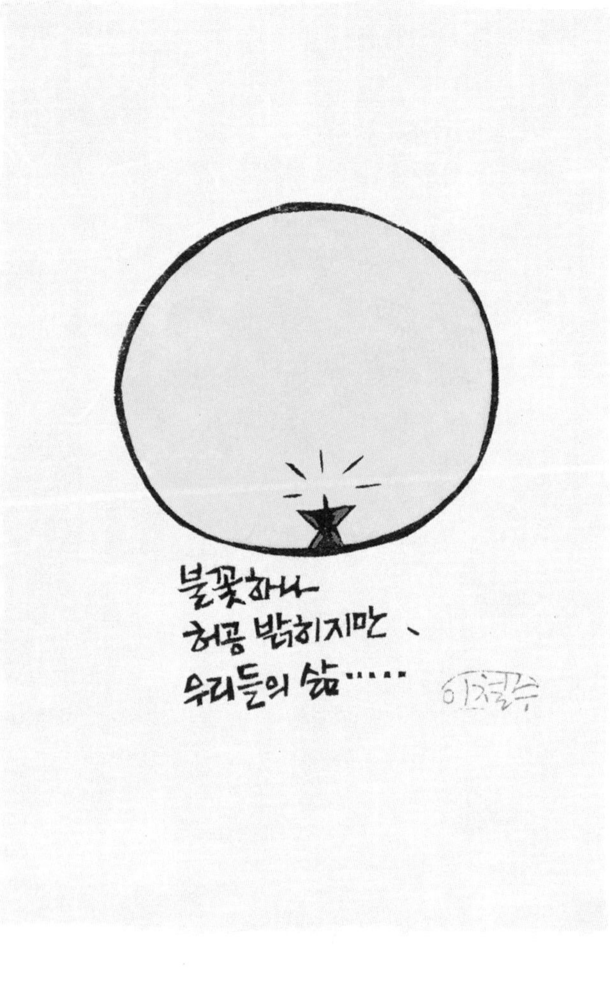
불꽃하나
허공 밝히지만 、
우리들의 삶……
이철수

촛불조차 귀해졌습니다.
스위치 한번 딸깍 하면 광명천지가 되는 시절을 삽니다.
때로는 아득한 옛적부터 그렇게 살아온 것 같은 착각에
빠지기도 합니다.
밝은 불빛을 너무 당연하게 여기게 된 덕분에
깊은 어둠은 잊게 되었습니다. 시골에서는 가끔
그 칠흑같은 어둠을 만날 수 있습니다.

Whereas one flame
Lights up an empty sky,
Our Life……

눈 떠도 감아도 다름없이 짙은 어둠뿐인
두터운 어둠입니다. 그 순간에 작은 불씨 하나 들어보면
빛이 무슨 의미인지 알 수 있습니다.
깊은 어둠은, 깊은 절망이나 슬픔도 이해하게 합니다.
다 무너져버린 삶.
다 무너져버린 마음.

그 둘은
서로 닮았습니다.
불빛은 스스로 욕심내지 않아도 곁을 밝힙니다.
불씨 하나로 큰 어둠을 간단히 밀어내는 것 보고
늘 위로를 얻습니다.
마음 안에 그 작은 불씨 하나
누구나 갖고 있다고 했습니다.

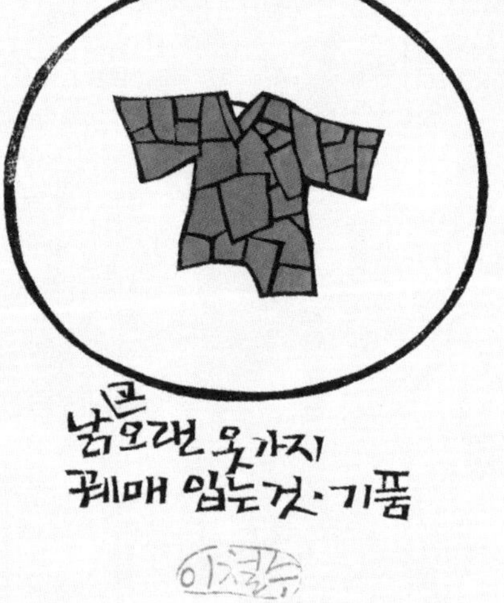
낡고 오래된 옷가지
꿰매 입는 것·기쁨
이철수

누더기라고 하면 좋은 느낌이 아니지만,
오래 입은 누더기 옷을 보면 왠지 엄숙해집니다.
진지한 나이 흔적은 어디서나 위엄 있습니다.
조각천을 모아서 만든 옛 상보가, 깊은 아름다움으로
세상의 감탄을 자아내던 것 보았습니다.
생활 속에 그만큼 진솔하고 기품 있는
아름다움을 불어넣을 수 있었던 것은 그 삶을
건성으로 꾸리지 않았다는 의미이기도 하고,

Patching and wearing
Worn-out, old clothes. Dignity.

아름다움을 허황한 것으로 이해하지 않았다는
의미이기도 합니다.
그이들의 마음가짐이 손에 잡힐 듯합니다.
모자라고 쓸모없는 것들을 모아서,
크고 쓸모 있을 뿐 아니라 아름답기까지 한 것으로
되살려내는 데는 깊은 통찰이 필요합니다.
그이들의 삶 안에 온축된

아름다움에 대한 지혜가
적지 않았을 것을 짐작하겠습니다.
누더기 옷으로 한평생을 기워가신 그이들의 생애에도
그런 온축이 없지 않았을 것을 압니다.
옷이 곧 그이들이기도 하겠습니다.
그렇게, 빛나는, 누더기를 보았습니다.

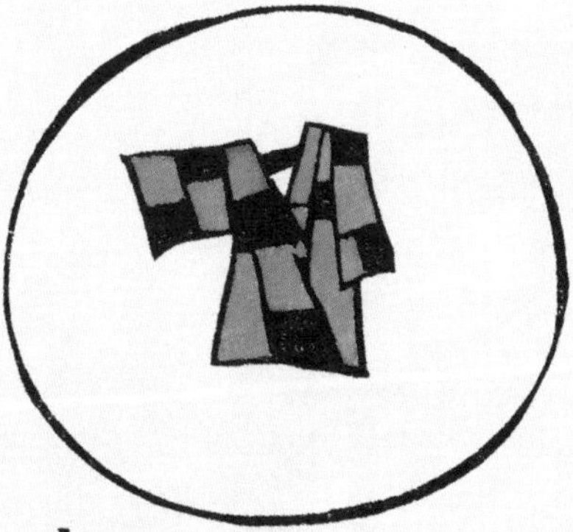

누더기 옷 한벌 —
평생 걸치고 나서 —
두고 떠날수 있는 그것

이철수

그런 뜻으로, 제가 좋아하는 집이 있습니다.
변산반도 낙조의 아름다움이 멀지 않은 고창 선운사.
긴 동백 숲길 지나 있는 절집 한켠의 만세루입니다.
만세루는 누더기 집이라고 해도 좋은 집입니다.
대웅전 불사를 다 마치고 남은
길고 짧은 토막나무들을 잇고 덧대어 세운,
키가 훤칠한 그 집은 대들보조차 나무를 이어 얹었습니다.
저는 그 집을,
세상에서 제일 아름다운 집이라고 합니다.

A patched suit —
That which can be left behind —
After being worn all through life.

깁고 덧대면서 시작한 집이라
만년이 지나도
새로움을 잃지 않을 터이니 만세루라는 이름이 제격입니다.
누더기처럼 만신창이가 되어버린 마음으로
그 자리에 서면 더없이 편안한 기분이 되기도 합니다.
모자라고 부족한 것들로도 집이 서는 것처럼,
어리석고 보잘것없어서 남부끄러운 이력으로도
이렇게 엄연한 삶이 가능합니다.

그 상처투성이의 이력을 한구석도 버리지 않고
다 모아서 쌓아야 지금 이 순간의 우리 모습이 됩니다.
부끄럽다고 지우려 하고 보면 이 사람은 없습니다.
살아온 흔적 어느 것 하나,
지극히 아프고 부끄럽고 한심스러운 것일지라도
그 어느 것 하나라도 빼내면 무너져버리는 집으로
지금 우리가 서 있습니다.

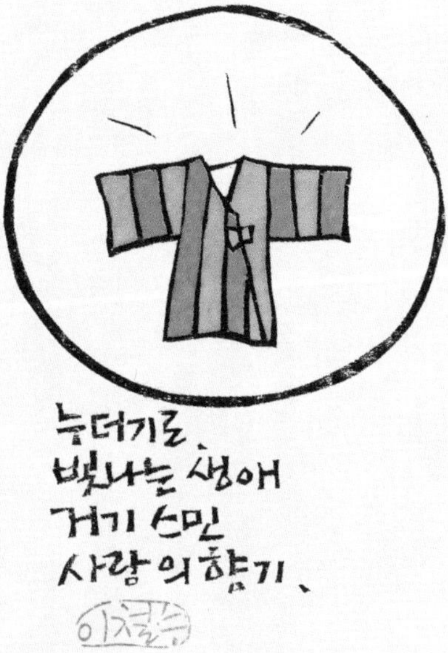
누더기로、
빛나는 생애
거기 스민
사람의 향기、
이철수

옷을 기워 입어본 지 오래되었습니다.
옷과 바루를 전하는 것으로 법의 전승을 확인하였다지요?
초조달마의 옷은 한 벌이었을 터이지만
세상에 깨달음을 얻은 이는 하고많았습니다. 그러므로
법통의 승계를 의미하는 옷은 이제 한낱 상징입니다.
그래도 여전히 그 누더기들이 아름답습니다.
삶이 꽃다운데 그 흔적에서 악취날 까닭이 없습니다.
자러 들어가 옷 벗어두고 났는데 허물처럼 버려진 옷이
나를 물끄러미 쳐다봅니다.
눈빛이 심상치 않습니다.
그대 누구신가?

Life,
Glorious with a patched suit,
The fragrance of love
Permeating it.

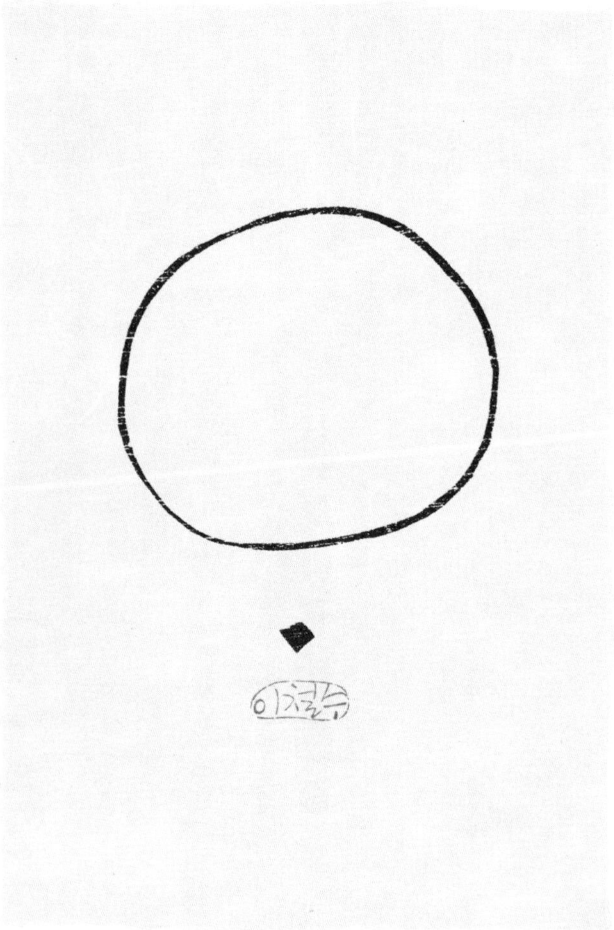

이철수

말없는 자리

빈자리.

넉넉하여 세상도 다 담겠습니다.

이철수
우리 시대의 대표적인 판화가 중 한 사람인 이철수는 1954년 서울에서 태어났다. 한때는 독서에 심취한 문학소년이었으며 군 제대 후 화가의 길을 선택하고 홀로 그림을 공부하였다. 1981년 서울에서 첫 개인전을 연 이후 전국 곳곳에서 여러 차례 개인전을 열었고, 1989년에는 독일과 스위스의 주요 도시에서 개인전을 가졌으며, 2011년 데뷔 30주년 기념전을 가졌다.
탁월한 민중판화가로 평가를 받았던 이철수는 90년대 들어 사람살이 속에 깃든 선(禪)과 불교에 주된 관심을 쏟아 심오한 영적 세계와 예술혼이 하나로 어우러진 절묘한 작품을 선보였다. 그는 현재, 박달재 아랫마을에서 농사를 지으며 판화작업을 하고 있다.

소리하나

1판 1쇄 | 1996년 11월 15일
1판 6쇄 | 2000년 4월 27일
2판 1쇄 | 2001년 2월 12일
2판 10쇄 | 2017년 9월 4일

지은이 이철수
펴낸이 염현숙
책임편집 김현정 김미영
마케팅 정민호 박보람 우상욱 | 홍보 김희숙 김상만 이천희
제작 강신은 김동욱 임현식 | 제작처 한영문화사(인쇄) 경일제책(제본)

펴낸곳 (주)문학동네
출판등록 1993년 10월 22일 제406-2003-000045호
주소 10881 경기도 파주시 회동길 210
전자우편 editor@munhak.com | 대표전화 031)955-8888 | 팩스 031)955-8855
문의전화 031) 955-3576(마케팅) 031) 955-8864(편집)
문학동네카페 http://cafe.naver.com/mhdn

ISBN 89-8281-008-0 03650

* 이 도서의 국립중앙도서관 출판예정도서목록(CIP)은 서지정보유통지원시스템 홈페이지(http://seoji.nl.go.kr)와 국가자료공동목록시스템(http://www.nl.go.kr/kolisnet)에서 이용하실 수 있습니다.(CIP제어번호 : CIP2005000999)

www.munhak.com